·印象刘文典三部曲·

印象劉文典

章玉政　主编

合肥工業大學出版社

总序

狂士本色：刘文典和他的时代

章玉政

1928年，在中国教育史上发生了一件骇人听闻的事件：一位大学校长公然顶撞当时的最高元首蒋介石，由此成为民国时代人格独立、精神自由的一个样本。

这位大学校长就是安徽合肥人、国学大师刘文典，时任安徽大学文学院主任，代行校长职权。一个小人物竟然敢于向权力人物发起此般挑战，这完全符合传统中国知识分子的自我人格想象，因而在意义上被不断放大，成为一杆引人追慕的道德标尺。

“匹夫有责”的家国情怀

中国知识阶层素有“士”的传统。两千多年前，儒家大哲孔子便为

“士”这个群体立下了人生的终极价值——“士志于道”。

士者，事也。这是一个特殊的社会存在。毕竟，无论是从政治地位还是经济地位上说，“士”都只能算是“低级之贵族”（顾颉刚语），并非显贵，但在他们的心中，却始终装着家国天下，装着芸芸众生，装着道统传承，于是乎，“为天地立心，为生民立命，为往圣继绝学，为万世开太平”，便成为士人们一直孜孜不倦、矢志无悔的追寻。

中国大历史，上下五千年，风云变幻，朝代更迭。尽管在不同的历史阶段，“士”的精神风貌各不相同，却总能在断裂与承续之间找到合适的路径，引领时代向一个辉煌的起点迈步。换句话说，正是因为“士”的存在，“天下无道”才有可能变为“天下有道”。

不可否认，“士”的传统在近代中国遭遇了前所未有的断裂与颠覆，取而代之的是更具“世俗化”色彩的现代知识分子。但“士”的精神谱系仍在延续。正如当代史学大家余英时在《士与中国文化·新版序》里所说：“‘士’的传统虽然在现代结构中消失了，‘士’的幽灵却仍然以种种方式，或深或浅地缠绕在现代中国知识人的身上。”

诚哉斯言。以刘文典为代表的“五四”时代的中国知识人，正是这种断裂与承续的典型样本，在追求民主与科学的同时，骨子里仍不脱“士以天下为己任”的流风余韵。这就是人们至今仍常常追念这一代人的内在心理。

众所周知，刘文典是安徽最早加入同盟会的革命者之一，后来又投身于“二次革命”，失败后流亡日本，加入中华革命党，成为孙中山的英文秘书。他还是陈独秀创办的《新青年》早期作者之一，为新文化运动的兴起与发展，立下了汗马功劳。

刘文典等“新青年群”的努力，后来被学界称之为“知识分子的反叛”，其启蒙价值不言而喻。他们高举“德先生”（民主）与“赛先生”

（科学）两面大旗，从批判中国旧有的传统文化入手，主张中国文化要全方位地向西方学习，并以现代西方文明为标本来重估中国人过去的思想行为。在他们的“凯歌高奏”声中，偶像被打倒，传统被撕裂，经典被误读，权威被冲击，这无疑为后来轰轰烈烈的“五四事件”奠下了坚实的思想基石。

当然，“五四”知识分子所倡导的思想观念、政治主张，未必都是正确的，有的确实有些极端甚至是荒谬的，所以当时以及后来经常会发生各种各样的论战，如科学与玄学的论战、东西方文化问题的论战，等等，大家吵得不亦乐乎，各不相让，似乎也没有什么标准答案。但思想启蒙这东西正应如此：在纷繁复杂的论争、多种声音的交汇中，相互碰撞，求同存异，尊重个体的力量，坚持批判的精神，不断向前，直至找到新的方向。

他们或终其一生或一开头并非重要政治人物，只不过是一群纯粹的知识分子，之所以站到了历史的前台，固然与他们自身的成长经历、时代背景大有关联，但更多还是缘于他们内心无法抹去的使命担当，即所谓“天下兴亡，匹夫有责”。

即便是后来置身于高校之中，每日经卷青灯，刘文典依然对窗外的世界保持着高度的关注与沉思。“九一八”事变爆发后，日本的侵略野心昭然若揭，刘文典先后多次撰文、发表演讲、翻译著作，呼吁国人警惕日本军国主义的“意见、政策和野心”。西南联大时期，刘文典沾染上了吸食鸦片的不良癖好，偶尔会因此而耽误上课、演讲，但更多时候，他并非“整天躲在小屋里”，而是始终对天下大势、中日关系保持着高度的关注和思考，并应邀为《云南日报》《中央日报》等报刊写下了大量颇具卓识的政论文章。

刘文典虽然不是研究日本历史的专家，但因为早年在日本呆过很长一段时间，深知这个国家“立国的精神和世界各国根本不同”。更值得一提的是，尽管日本侵华给刘文典及国人带来了巨大的伤害和灾祸，但他一直强调要理性冷静地正确认识日本和日本人。他认为，爱国需要激情，但不能只有激情，更重要的还是应该认真探寻日本这个独特民族的本性和特质，深入了解而后方能正确对待。中日关系，必须站在历史的高处，时时回望，而又不弃向前，这样才会有更长远的未来。

“舍我其谁”的学术担当

刘文典为什么会成为刘文典？北大教授钱理群曾说过，刘文典的“狂”是真的——所谓“狂”，无非是把自己这门学科看成“天下第一”，把自己在学科中的地位看得很重：我不在，这门学科就没了！这种“舍我其谁”的狂傲气概，其实是显示了学术的使命感、责任感、自觉的学术承担意识的。

刘文典生于 1891 年。这一年，尽管距离鸦片战争已经过去半个多世纪的时间，但晚清政府日渐衰微，备受西方列强的凌辱，民众苦不堪言，纷纷揭竿而起，仅当年就发生“扬州教案”“芜湖教案”“武穴教案”“宜昌教案”等群体性事件。历史风云，呼啸而来，喷薄待发。

处在这样的新旧转型时期，刘文典从小就接受着两种文化形态的熏陶：一种是中国传统的儒家文化，一种是来自异域的西方文化。一方面，师承刘师培、章太炎等国学大师，熟读儒家经典，奠立了扎实的学术基础；另一方面，跟在美国传教士后面，或利用负笈日本的机会，开始系统性地接触到了西方的“新学”，如达尔文的进化论，丘浅次郎的《进化与人生》，海克尔的《宇宙之谜》《生命之不可思议》等，“我的世界观、人生观从此就略略定了”。

这一点，表现在治学上，则是精深的学术路径与开阔的学术视野，一出手就是代表作。

1917 年，在陈独秀的引荐下，刘文典成为北京大学预科教授，当时只有 26 岁。一开始，这个毛头小子并不被那些“老资格”的学者们所看重，辜鸿铭还曾当面嘲讽过他。但刘文典凭借师承国学大师的学术素养，再加上广博涉猎的学术视野，很快就在“比较难啃”的古籍校勘领域“独树一帜”。

《淮南鸿烈集解》是刘文典的成名作。1921 年 9 月 24 日，胡适在日记里写道：“刘叔雅（文典）近来费了一年多的工夫，把《淮南子》整理了一遍，做成《淮南鸿烈集解》一部大书。今天他带来给我看，我略翻几处，即知他确然费了一番很严密的功夫。”在同一天的日记里，他甚至不吝笔墨地夸赞道：“叔雅，合肥人，天资甚高，作旧体文及白话文皆可诵。北大国文部能拿起笔来作文的人甚少，以我所知，只有叔雅与玄同两人罢了。叔雅性最懒，不意他竟能发愤下此死工夫，作此一部可以不朽之作！”他甚至“破天荒”地写了一篇洋洋洒洒的文言文序言，为《淮南鸿烈集解》擎旗开路。

伴随着《淮南鸿烈集解》的出版，刘文典声名大振，一举成名。此后，他又陆续完成《三馀札记》《说苑斠补》《庄子补正》等书稿。国学大师陈寅恪亲自为《庄子补正》作序，称：“然则先生此书之刊布，盖将一匡当世之学风，而示人以准则，岂仅供治《庄子》者之所必读而已哉！”此般评价，堪称罕见。

在主攻校勘学的同时，刘文典还积极从事外国学术名著的翻译工作，先后翻译出版了日本学者丘浅次郎的《进化与人生》《进化论讲话》和德国学者海克尔的《生命之不可思议》《宇宙之谜》等著作，被胡适赞誉为“译笔竟一时没有敌手”。

新中国成立后，刘文典被评为一级教授，当选全国政协委员，但他不辍学术耕耘，继续致力于《杜甫年谱》《文心雕龙研究》《王子安集校注》等书的著作。

正如香港学者陈万雄所说，像刘文典这一辈人，他们身处风云变幻的历史风云之中，个别人物如蔡元培、陈独秀等在辛亥革命或五四运动中，在革命力量的组织、革命行动的推动上有较大的贡献，但总的来说，这批人包括蔡氏和陈氏，都是倾向学问钻研、学有专精的知识分子。

学术，是他们一生的骄傲与根本。整理国故，再造文明，是他们内心永在的归宿地。

“独立自守”的文人风骨

那个时代的大师，让人至今追忆，还有一个重要的原因在于：他们往往还是极富个性的“这一个”，清高自守，孤傲狂狷，坚守着传统士大夫的风骨，不为世俗的力量所轻易妥协。

在很多人的眼中，刘文典就是文人风骨的代名词。那么，刘文典为何会成为特立独行的“这一个”？

事实上，刘文典一生很少把别人放在眼里，但他一直自称“十二万分佩服”国学大师陈寅恪。他曾经多次在课堂上情不自禁地竖起大拇指说：“这是陈先生！”然后，又跷起小拇指，对向自己说：“这是刘某人！”

在陈寅恪的身上，令刘文典感到钦佩万分之外的，除了“前无古人后无来者”的渊博学识，还有其独立坚持的人格魅力。这也是后世学人对于陈寅恪一致敬重的根源所在。

1927年6月2日，陈寅恪的清华同事、国学大师王国维自沉于颐和园昆明湖，两年后陈寅恪为之写下了一段至今仍为世人所称颂、景仰的纪念碑文：“先生之著述，或有时而不章；先生之学说，或有时而可商。惟此独立之精神，自由之思想，历千万祀与天壤同久，共三光而永光。”独立的精神、自由的思想，正是陈寅恪对于近世文人生存价值的重新解读与构建。

这正如1919年6月15日蔡元培在《不肯再任北大校长的宣言》中所宣称的，中国现代大学应具备三个基本原则：第一，大学应当是独立的和自主的；第二，大学应当具有思想自由和学术自由；第三，大学学术与思想自由需要相应的自由的社会政治环境。“我绝对不能再做不自由的大学校长。”说完，挂冠而去。

刘文典时代的知识分子独有其人格的魅力，正如钱理群先生所言，“这是有承担的一代学人，这是有独立、自由、创造精神的一代知识分子，他们因此而成为民族的脊梁，中国现代思想文化学术的顶天大柱，并且如鲁迅说的那样，为我们‘肩住了黑暗的闸门’”。

如今，斯人已远，空余嗟叹。越是这样的时刻，我们越能深切感受到“狂人刘文典”的真正价值。正如我多年前写道：应该说，在中国人的字典里，“狂”是个相当贬义的字眼，似乎总意味着浮躁，意味着无知。其实在这个汉字的深处，是一种对命运的抗争与努力，是一种对权贵的蔑视与逃离，是一种对尊严的坚守与把握。

我以为，这就是我们今天仍在频频谈起刘文典和他的那个时代的因缘所在。

写于2016年9月18日国耻日

目录

第一辑 雪泥鸿爪

忆刘文典[1]

何晋

刘文典，字叔雅，1889年[2]出生于安徽合肥，一生中从事教育事业达四十年之久，久为国内外学者所共挹。

刘文典幼年就学私塾，十八岁时留学日本，曾追随孙中山先生参加民主革命，在日本加入同盟会，任过孙中山先生秘书处秘书。为了讨袁革命的需要，他由日本回国，潜入上海，在法租界同于右任、邵力子等人创办《民立报》，刘文典任编辑，并以笔名“刘天明”或“天明”撰写文章，大力宣传民主思想，对于当时反帝、反封建的革命斗争，起了积极的作用。1915年因揭露袁世凯复辟帝制及其卖国罪行，《民立报》遭到查封停刊，袁并派人在上海刺杀革命党人。刘文典和宋教仁、范鸿仙（合肥人）同时被刺[3]，宋、范二人遇刺身亡，刘手臂中弹幸存。

---

① 作者原名何保生，系刘文典先生亲属，曾与之一起生活多年。

② 编者注：一作1891年。

③ 编者注：应为作者误记，宋教仁、范鸿仙与刘文典遇刺，不在同一时间。

1928 年，刘文典在安庆首创安徽大学，并任校长。[①] 执教期间，反对尊孔读经的封建教育制度，提倡以反帝、反封建为内容的新文化。

这时，蒋介石窜到安庆策划军阀内战，安大学生起来闹学潮，蒋介石找刘文典谈话，责刘袒护肇事者，出言不逊，而刘文典不卑不亢，大义凛然，对蒋介石的谬论，进行了有力的驳诉，以致互相拍桌大骂，一个骂“你是学阀”，一个骂“你是新军阀”，蒋介石恼羞成怒，将刘文典无理扣押。此事件在全国教育界引起很大震动，博得章太炎（炳麟）对刘的气节表示敬佩，在病中作对联相赠：“养生未羡嵇中散，疾恶真推祢正平”，以《三国演义》中的祢衡击鼓骂曹赞誉之（此联尚保存在其次子刘平章处）。经当时教育界联合呼吁及挚友力保，刘文典才获释放。鲁迅先生《二心集》曾有记载。

刘文典恢复自由后，清华大学梅贻琦校长[②]、北京大学蔡元培[③]校长分别来电请其北上。在北京，刘文典同时任清华国文系主任兼教授、北大教授。刘文典谙悉数国文字，曾到日本留学，翻译过外国书籍，另著有《三馀札记》《庄子补正》《淮南鸿烈集解》《说苑斠补》等著作。

刘文典为人耿直廉洁，仗义疏财，一心著书教学。粤系反蒋派陈济棠知刘文典反蒋有名，学识渊博，不惜以万金相聘，请先生出山。刘叹曰：“日本侵华，山河破碎，困难深重，怎置大敌当前而不顾，搞军阀混战。”遂退汇款，不受聘。1937 年 7 月卢沟桥事变后，平、津沦陷，未能及时离开北平者为数较多，学术界周作人曾至刘处游说多次，希其能在沦陷区“维持会”工作，刘皆为婉言谢绝，后又多次委人相邀，皆被刘拒之门外。此举激怒了日本侵略者，刘文典住宅（北平北池子骑河楼蒙福禄馆三号）

① 编者注：刘文典时任安徽大学预科主任、文学院主任，行校长职。

② 编者注：清华时任校长应为罗家伦。

③ 编者注：蔡元培时任国民政府大学院院长。

先后两次遭日本宪兵搜查，凡国际往来函札，以及中央名人信件一律被查抄。据知，被搜抄去的有吴忠信、于右任、邵力子、胡适、陈独秀等人对国际形势探讨信札。当时家人不知所措，而刘文典先生和夫人张秋华却躺椅昂首吸烟，冷目相视，沉默不言，决不讲一句日语，向日寇献媚。后来得悉其四弟刘管廷，竟在华北冀东一个日伪政府搞到一个高缺，刘文典极为愤慨，他说："有病不与管廷同餐。"继则又说："新贵往来杂沓不利于著书。"逐其另迁新居。刘先生根据当时形势，已不能久留，决计迁离北平，经塘沽搭外轮经香港转内地。1938 年初，其夫人张秋华携其次子刘平章搭法国邮轮，在上海[①]登船，经河内转入云南。

抗战胜利后，刘文典原打算回安徽，为家乡教育事业贡献力量，因蒋介石发动内战无法回皖；解放后虽有此愿，因工作需要而未能归省，但仍念念不忘为家乡教育作一些贡献。刘文典逝世后，张秋华按其遗愿将家中珍藏的一些文物于 1959 年全部赠给安徽博物馆，作为对家乡的贡献。

全国解放后，党和政府对刘文典先生非常关怀和重视，晋升刘文典为云南（文科）唯一的一级教授，并推选为全国政协一、二届委员，几次到北京开会，曾在人大、政协会议上发表讲话，表达了他对党的热爱和拥护。刘文典在北京多次受到毛主席和周总理的亲切接见，与华罗庚先生一起荣幸地向毛主席和周总理汇报科研工作的成就，1957 年 3 月刘文典在全国政协第二届第三次全体会议讲话中说："……今天全国建设生产事业突飞猛进，取得空前的成绩，一切都是为了人民，而不是为了一党一派，只有创造，没有独占，这岂不是'生而不有'么？共产党艰苦卓绝，牺牲奋斗三十多年，建立新国家以后，兢兢业业的做出今天这样的成绩，毫无骄傲自满之意，还要请各民主党派互相监督，去年'八大'开会邀请各民

---

① 编者注：应为天津。

主党派以及无党无派人士参加，这岂不就是‘为而不恃’么？共产党虽然居领导地位，但是一切措施都是十分民主的，决不独断独行，这岂不是‘长而不宰’么？”（见 1957 年 3 月 12 日《人民日报》）

为了报答党和人民，刘文典不遗余力地致力于古籍校勘学，对中国古代文学史的研究，做出了一定的贡献，临终前夕尚亲手完成了《杜甫年谱》考证，真是“老骥伏枥，志在千里”。

刘文典为了祖国教育事业积劳成疾，壮志未酬，不幸于 1958 年患肺癌逝世。其骨灰运回安庆北门外总铺公社燎原大队高家山墓地，与其夫人张秋华女士合墓。

（辑自《安徽史志通讯》1982 年第 3 期）

执掌安徽大学时期的刘文典①

吴东儒

清朝末年，安徽唯一的高等学府是位于安庆龙门口的安徽高等师范学堂。校舍堂皇，庭院幽深，层楼序列，长廊栉比，直抵近圣街背坡，与旧藩署平行。据说这里原是八皖秀才入闱应试的地方。鼎革后，桐城马其昶先生曾任校长以冠群儒。旋改为安徽第一师范学院，桐城李光炯先生任校长。另在法校街（今孝肃路）兴建安徽法政专门学校，桐城光明甫先生任校长。同时在北郊百子桥兴建女子蚕桑学校，种湖桑百余亩。不久，因驻扎北门测绘局旁的军阀倪嗣冲部兵变，蚕校遭殃，遂将法政与蚕桑两校对调，并改蚕桑为女子职业学校，法国留学生李寅恭任校长多年。

1921 年发生的“六二”事件，在光明甫与马联甲抗争中，法政学校被解散。于是安徽旅外名流胡适之、王星拱、蔡晓舟等倡议在安庆兴办一个综合大学。

---

① 题目系编者所拟。作者 1928 年起在安徽大学预科和化学系学习，1933 年毕业，留校任教。

在省长高世读支持下，成立校董会，推蔡晓舟、刘文典、杨武之、吴亢生和教育厅长韩安为安大筹备委员会委员，张国乔任秘书。1927 年底安徽大学成立，校董会撤销。刘文典被任命为文学院院长，负责组建法学院、理学院和预科，并选聘教师。校本部设在百花亭原圣保罗中学（大革命后由教育厅接管），预科在百子桥法政学堂旧址。1928 年春预科先招生，4 月 20 日安徽大学正式开学，预科开始上课。同年秋招收文、法、理三院的中文、外文、历史、政治、法律、经济各系新生入学。因此，确定 4 月 20 日为安徽大学校庆纪念日。

刘文典校长

安大校长刘文典（字叔雅），我作为他门下弟子，没有见过他作大会报告（省立安大的几位校长都是如此）。由于他名气大，我只听过他一次讲课。那是 1928 年秋季开学不久，慕名在大礼堂听他给文学院同学讲《文心雕龙》。刘先生面容黄瘦，宽袍大袖，坐在讲台上，左手捏一支燃着的香烟，右手挥动作势，面对五百多座无虚席的听众，以低频音调侃侃而谈，不时停下来深吸一口烟，下面鸦雀无声。据说刘先生香烟瘾特大，经常是从早到晚衔一支烟，左手袖筒握一听香烟，一支接一支不用再点火，写文章、看书、和人谈话皆如此。

刘先生初来安庆，住黄家一座花园里。李冰先生是他唯一同来的助手，协助他处理行政事务，接应宾客，很少有人能直接见到刘先生。1927 年底，安大正式成立，教育厅长程天放，先后推荐教育厅第三科科长罗良铸和第一科科长李仲襄来安大兼任教授、协助工作。后来请胡子穆先生任总务长，他的办公室来了一位谭主任（名字不记得），各方面稍有进展。而刘先生为女中校庆事件，以威武不能屈的气节与蒋介石抗衡，被迫离校。

回顾在安庆这座富有封建色彩的古城诞生的省立安徽大学，众多名流学者先后来此传道授业，杏林春雨润育了不少笃学报国之士。代有传人，胚胎于此。

女中校庆事件

蒋介石第一次来安庆是 1927 年春，当时安徽军阀陈调元易帜不久，我随六邑中学队伍参加安庆各校行列，在西门江岸一带等候迎接。蒋介石乘小兵船顺流而下，岸上鸣放爆竹、鼓掌，他在侍卫拥护下进入接官厅，学校队伍就自动分散了。

蒋介石第二次来安庆是 1928 年秋。有一天早晨，我们预科学生正在上第一节课。蒋从北门出城游览菱湖，路过百子桥，他听说这里是安徽大学，就停下来。侍卫留在大门外，他同几个卫兵穿过斋舍走廊，一直走到两座教学楼中间一排柳荫下站着，环顾四周。我们从教室一齐拥出来，手扶栏杆注视着他，谁也不敢作声，静悄悄地听到他们皮靴和沙石地的撞击声。蒋似乎感到有些没趣，转身就和随从走了。这次由于安大领导未曾恭迎而致蒋心头埋下了怒火。

当时安庆的所谓“女中校庆事件”，我是“半目击者”。女中校庆晚会印有定额的入场券，我从同斋舍的杨麟手中拿到一张。那天是星期六，很多无票的挤在女中大门外。我挤进到女中礼堂，节目已经开始。没多久，外面喊声很大。冲进不少人来，登时礼堂秩序大乱，节目停止。不知是谁熄灭了电灯，黑漆一片，我赶紧跟人群挤出来，回到百子桥宿舍睡觉。

第二天就听到议论纷纷，说昨晚有人跑进女中女生宿舍想干坏事等等，而女中方面硬说是安大学生干的。大家都非常气愤，说女中侮辱我们人格，要去质问，不少班课也没上。后来市学生联合会出面，组织学生上街游行，要求省政府澄清是非。安大游行队伍从小东门进城，女同学走在最前列，经程公祠、风节井、吕八街来到教育会大楼国民党省党部所在地。听说蒋介石在这里开会，游行队伍从各方集中在门前，安大学生喊口号“打倒程勉”“程勉必须撤职”。外校学生有的附和，有的不附和。

这时蒋介石派人出来，不许学生游行，要回校上课，说女中事件听候处理。就这样示威结束了。傍晚日落时候，传来消息，刘文典先生被蒋介石扣留在省政府，说他是“学阀”，鼓动学生闹事。全体同学震惊，十分气愤，要立即集合到省政府请愿。许多教师都抱不平，但怕“出事”，主张在大操场集体静坐示威，派代表向省政府请愿。晚上九点多钟，民政厅长汤志先等来到安大操场。大家围成圆圈，他走进圈子中间站着，讲了一些比较缓和的话，说了“刘校长明天就回校，我可以负责，请大家放心，恢复上课，不要耽误学业”等等话。这位民政厅长，大家都知道是权力人物。既然这样讲，就回去罢，要继续罢课，可能增加叔雅先生“罪名”。第二天都上课了。

刘文典怒斥蒋介石

据我当时所闻：蒋介石住在省政府后花园。吩咐代省长孙孟戟请叔雅先生和女中校长程勉见面，处理女中事件。程勉先到，蒋已在那里等候，程就在一边规规矩矩地坐着。叔雅先生后去，蒋招呼他坐，他照常口衔香烟坐下。从袖筒取出一听香烟，抽一支递给蒋介石，蒋摇手表示不吸烟，请他谈谈“学生闹事”的经过。叔雅先生习惯地把香烟放在台子上，指着程勉对蒋说：“请你问问他到底女中怎么回事。”程勉低头不语。叔雅先生又说：“我的学生决没有人到女生宿舍，我敢担保。”说完衔着香烟准备离开。这时蒋怒火冲天，把台子一拍，手指叔雅先生说："看你这副样子就像个学阀！"刘先生立刻也指着蒋说："我看你的样子就像个军阀！"蒋更大怒，叫侍卫："把他看起来！"没等侍卫动手，坐在蒋旁边的孙孟戟赶快站起来调解，说："总司令息怒，把他交给我去办。"蒋没有作声，孙孟戟就把叔雅先生拉出客厅，叫人送他到另一套屋里软禁起来。孙孟戟是安徽人，立即拍电报给胡适之等安徽名流。经过他们设法把叔雅先生"保释"出来，悄悄地离开安大这个由他创业的学府。于是程天放兼任安大校长。

有关这件事的记述很多，很有出入，可惜都不是在场的人。如果程勉校长生前有谈话或回忆录，那就太好了。1981 年 9 月我曾收到一封信，是前安大党委副书记兼副校长杜襟南同志写的。他原籍广东，是一位德行文章都很好的老干部，与我相处三年关系不错。来信很长，主要有这样一段："近日纪念鲁迅百岁，从他的文章、书信中，偶得与安徽大学有关材料。很想草一短文揭示之，也是对安大同仁一个很好启示。可惜他提及此事，我茫然无知。所以转就教于你，因为你是老安大留校的唯一前辈，可能对当时人事还有印象。一、鲁迅在《二心集·知难行难》杂文中，提到当年安大校长刘文典教授曾因对蒋介石称'先生'而不称'主席'，被关监狱多日。据查刘是合肥人，曾任安大校长、安徽教育厅长，被监禁事在 1929 年，鲁迅文章写于 1931 年。关于刘文典有关的一切，除上述外，我完全不知。你当年是否在校学习，可否听过此事，无论大小多少，只要和刘文典有关系任何事迹，都希望给我谈谈。二、鲁迅三弟周建人同志，曾于 1932 年 5 月 16 日到安庆就任安大教授担任生物学课，可惜不知什么缘故没多久即同年 6 月 25 日又从安庆回到上海。这一个月在安庆的情况以及因何离去，不知你是否也有所闻，乞把情况告诉我。"

从上述来信，我认为如果我当时所闻符合事实而且记忆准确，有关鲁迅先生的杂文所记显然有几点要进一步研究：(1) 事件发生是 1928 年冬，不是 1929 年。叔雅先生没有做过安徽教育厅长；（2）叔雅先生不是被关进监狱而是在省政府“软禁”，起因于“女中事件”，不是由于“称呼”。（3）直接对抗是蒋指刘是“学阀”，刘才指蒋是“军阀”。至于周建人先生到安大情况，我是亲眼所见，时间是 1936 年春不是 1932 年 5 月 16 日。安大农学院院长冯紫岗聘他任讲师教植物学，不是教授担任生物学课。因为省立安大只是这时才办农学院，并且从未办过生物系，也从未开过生物课。当时我担任农学院化学实验，有机会在那里见过周建人先生，他是引人注意的鲁迅先生三弟。据说傅铜校长敢于邀请他，因为傅是刘镇华的人，不怕扣“红帽子”。周建人先生很快离开，推测原因还是“红帽子”。是否如此，就不得而知了。

（辑自安徽省政协文史资料委员会《史海拾贝》，安徽人民出版社 1992 年版）

我所亲历的安徽大学学潮①

李广涛

1928年，我十四岁。在这期间，我的二表舅（因与我二姨娘姑表联姻，故也是我二姨父）毛北屏从美国回到安庆，当上了安徽省立第一职业学校校长。

安庆是安徽当时的省会，是安徽的政治、经济中心。在这里，共产党人、国民党左派和国民党右派之间的斗争十分激烈。1928年夏，我考入该校，和同班同学史克荣、卢××以及高年级同学陶有恒、李儒尧、杨崇德、徐良骥等交好。高年级的这几个同学都是合肥人，受国民革命军北伐影响，思想进步，倾向革命，因此对我影响较大。而我的同学卢××因长我几岁，当时已是共产党安庆省立第一职业学校支部的负责人。也就在这期间，因喜读左翼作家蒋光慈的《少年漂泊者》《鸭绿江上》等进步小说，我萌生了追求进步的意识。1928年年底，在安庆，我第一次参加

① 题目系编者所拟。作者时在安徽省立第一职业学校就读，新中国成立后任中共安徽省合肥市委书记、安徽省人大常委会副主任等职。

了实际上是由共产党组织的全市大中学校学生的反蒋示威大游行。此次示威游行的起因是省立第一女中举行校庆十六周年恳亲会，并举办文艺演出，刚创立不久的安徽大学的男学生翻墙头进入女中看演出。第一女中不能容忍，停电罢演，引发了安大学生与第一女中校长程勉的冲突。程勉一方面指责安大预科主任兼文法学院院长、主持安大校务的刘文典治学不严，一方面电召公安局派来军警鸣枪弹压，以致骚乱愈烈。

此时适逢蒋介石来安庆视察，闻讯召见安大学生代表，训了学生一顿之后，转过来便责备两校的校长。第一女中校长程勉坐在那里恭听责备，一言不发。蒋又转向刘文典大加责难，斥责他对学生管教无方。刘对蒋只称先生，不称主席，没几句话即发生冲突。蒋指刘怒骂："看你这个样子，简直像个土豪劣绅！"刘则厉声反斥："看你这个样子，简直就是一个新军阀！"蒋立时火气冲天，大声喊叫："看我能不能枪毙你！"此时刘站起来一跺脚："你就不敢！凭什么！"蒋大吼："来人，把他扣押起来！"旋即冲进来两个卫兵，把刘拖下关了起来。此事激起安庆大中学校学生的公愤，在安庆的共产党人伺机组织学生举行了反蒋大游行。记得我们在国民党右派所把持的安徽省党部门前振臂高呼"打倒程勉，释放刘文典""保障人权"等口号。此事轰动全国，促成皖省各界人士联名援救，北大校长蔡元培和民国教育部部长蒋梦麟等知名人士亦予"力保"，逼迫蒋介石以刘"即日离皖"为条件，释放刘文典。关于此事，鲁迅先生在收入《二心集》的《知难行难》一文中写道："安徽大学校长刘文典教授，因为不称'主席'而关了好多天，好容易才交保出外，老同乡，旧同事，博士当然是知道的，所以，'我称他主席'！"又借此事挖苦了曾称溥仪为"皇上"、蒋介石为"主席"的胡适之博士。刘文典获释后去看望章太炎，太炎先生抱病挥毫，书写对联"养生未羡嵇中散，疾恶真推祢正平"以赠，对刘文典不惧强暴的书生气节大加赞赏。这一连串的佳话在当时安徽的学子中口口相传，至今令人难忘。新中国成立后，时任安徽省委第一书记的曾希圣感叹安徽无大学者可任副省长，我曾向他推荐刘文典，曾希圣当即派一秘书长前往云南交涉，但云南省亦以“当地严重缺乏人才”为由婉拒，未能促成此事，实为一大遗憾。

刘文典能化险为夷，我却身份卑微，无此好运。先因参加这次学潮被学校另眼，后又因帮中共地下党开会酿成事故而遭处理。那是学潮不久后的一天晚上，时任共产党支部负责人的同学卢××要在校内开会，我想帮助他们，便借我二姨父是校长，我能自由进出校长室之便，私自去校长室推上电闸，方便地下党开会。没想到安庆电压极不稳定，待开完会后我又忘拉下电闸，导致学校上百盏灯泡炸毁，造成重大事件。此事很快追查到我身上，我当然不能说出是受卢××指使，只好另找托辞。当时我二姨父虽是校长，但身在德国，也无法助我。最终我被学校勒令退学，这是我懂事后遭受的人生第一次重大挫折。

（辑自李广涛《百年自述：一个合肥人的足迹》，安徽人民出版社2013年版）

记安徽大学校长刘文典被蒋介石扣押[1]

石慧庐

安徽大学校长刘文典（叔雅）被蒋介石扣押的时候，我正在安庆。叔雅为我故人，颇知此事的经过，爰为述之如下：

安徽原来没有大学，民国八九年时，经推合肥人蔡晓舟筹备安徽大学，不久即告停顿。后至民国十七年（1928 年），始又推刘叔雅继续筹备。校舍就圣保罗校[2]原址改用，事属初创，规模亦不甚大，但学生已有数百人，当时号称安徽最高学府，受聘教授多知名之士。叔雅曾执教北京大学，以注《淮南子》一书名世，学者多推崇之，其实叔雅湛深医学。其人有名士气，性情颇具兀傲，遇知友气味相投则快谈不倦，认为不可为友者，则避之若浼，这正是他一生的脾气。他和于右任、范鸿仙等民初共事上海《民立报》，擅写文章。鸿仙自被袁世凯买人刺杀后，叔雅交游

① 作者原名石克士，时任国民党安徽省党部指导委员会秘书。此文写于 1965 年 6 月。
② 圣保罗校，为基督教会所办学校，北伐军到安庆后，即停办，教师已离安庆。

渐稀，即去北大教书，与合肥诸故人亦不多往来。

记得是1929年夏[①]，蒋介石从南京出巡，路过安庆，省府多人陪他去参观安徽大学，蒋和叔雅过去在陈英士、范鸿仙诸人座上，彼此亦系认识的熟人，但叔雅平日对蒋很厌恶。蒋满以为到安大，刘必躬身欢迎当时所谓国府主席，谁知刘对他来校处以很冷淡的态度。当时校内有人主张请校长主张开一欢迎会，刘说："他来就来，何必特又欢迎呢？"那时安徽省政府主席是陈调元，陈不在安庆，代理主席是省府委员孙棨（孟戟）。当孙棨陪蒋来到安大时，看校内没有欢迎的布置，蒋自得意后，尚未受到过这样冷淡的场面，当时便憋下一口气，究竟也无可奈何。恰巧刚刚在蒋到安庆的前夕，安徽省立女子师范演戏，女师校就在安大隔壁，演剧那天，女师校对来宾，是凭预先发出的入场券入座的。安大学生人多，竟有不凭入场券便要进内，和守门的人冲突起来。当时秩序闹得很坏。这事被蒋介石知道了，正好借题发挥，便在省府开会，召集双方学生代表来大训一顿。我在那时候任国民党省党部指导委员会秘书，尚没有资格参加这会。参加这个会的人，都是省政府和省党部的委员们。会后，据参加这个会的省党部委员们回来说：蒋当时盛怒之下，大骂安大学生代表们，骂了又坐下，稍停一会，站起又开骂，训了学生一顿后，转过来便责备两校校长。女师校长程勉，为安徽老教育家程筱苏的儿子，坐在那里一言不发，恭听责备，蒋又转向安大校长刘叔雅大加责难，认为刘对学生管教无方。叔雅此时正很烦恼，和蒋言语间颇有冲突，众皆色变。蒋即骂："看你这样，简直像土豪劣绅。"刘大声反骂："看你这样，简直是新军阀！"蒋立时火气冲天地骂："看我能不能枪毙你！"刘把脚向地下一顿说："你就不敢！你凭什么枪毙我？"蒋更咆哮地说："把他扣押起来！"立时便有在门外的两

---

① 编者注：应为"1928年冬"。

个卫兵进来，把刘拖拉下去，就是这样的一幕。

后据省府秘书长徐曦和省府科长丁洽明（均合肥人）告诉我：蒋心亦不粗，转回休息提笔补下一张条子，上写：“将刘文典交省府委员张亚威看管。”大家看了初很诧异。后来也就明白蒋明知张亚威也是合肥人，和刘叔雅是很熟识的朋友，下这条子的用意，是想以不了了之。不然为什么不交省政府看管呢？或指明交省府代主席孙桀看管呢？

出事的第二天清晨，我尚未起床，叔雅爱人张淑琴[①]即来我家，一见面就问：“叔雅昨天的事情你当然知道了，现在是什么情况？是不是家里须要送铺盖去？”我说：“我未参加现场开会，详情是参加开会的人回来向我说得很清楚。”我便把叔雅和蒋介石冲突互骂的经过告知她，并说：“我当晚已打听他在省府后乐轩居住，晚上秘书长徐炎东和委员张亚威，科长丁洽明，都去看他，并预备上好铺盖，又买了听大炮台烟来供给他。晚饭是丰盛的菜肴，只是他们不便陪他吃。后乐轩室外站有一个卫兵守着，是不能不做此形式，为瞒上不瞒下的办法，免蒋责备罢了。”叔雅爱人听完后，稍放了心。又问我：“目下应怎么办呢？”我说：“只有迅速电知叔雅在南京友人，恳其设法营救，才是办法。”后来我和叔雅亲友即纷电南京叔雅的友人，恳其设法营救。那时蒋介石已经去皖，南京方面如于右任、邵力子、李石曾等人皆纷纷来电。可是省府已无从转递，只有将各电仍转寄南京国民政府。大约有十天左右，蒋介石亦不追问，省府诸人明知道交给张亚威看管，便是转台装聋意思，乐得将叔雅当常住来宾看待。这事结束，是省府接到南京国民政府寄来一份释放刘文典的通知，既不是公文，又不是电报，好像昔日王朝时代的廷寄。通知到后，省府为着顾全公文手续，本拟将通知连同蒋介石当时所下的手条并案归档，问到张亚威，张亚

---

① 编者注：应为“张秋华”。

威说："啊呀！这个条子已给我丢掉了，不知落到什么地方去了，那怎么办呢?"省府秘书长徐曦（炎东）说："蒋原来下这条子也不是公文，现既失掉了，来无据去就无踪，况且蒋的手条是给你个人的，省府没有责任，最好这份通知省府也不入卷，就算一了百了。"因此，这件事安徽省政府并无档案可稽，即是这个经过。

省府处理这个通知后，便由他们口头通知叔雅回校，并仍回原职。叔雅说："我不愿仍回安大了!"他由省府后乐轩出来。只回学校打一转，便回家，不过几天，他就去北京，仍到北京大学过教书的生活去了。这事的经过已经三十余年了，叔雅后在昆明云南大学教书，1962 年我回合肥后，听说叔雅已在昆明病故了。

（辑自全国政协文史资料委员会《文史资料存稿选编·24·教育》，中国文史出版社 2002 年版）

北大忆旧①

严薇青

刘文典，字叔雅，安徽合肥人。三十年代任清华大学中文系教授，当时在北大兼了两门课：汉魏六朝文和校勘学。他以所注《淮南鸿烈集解》蜚声学术界。

他和林公铎先生有共同的特点：林老嗜酒如命，几乎整天杯不释手；而刘则因过去有鸦片烟嗜好，戒烟之后，则手不离香烟。上课时到教室门口才把烟掐灭；下课后，出教室门即把香烟点起。尤其巧合的是：有一年林老一学期只讲了一篇《易经・系辞》，而刘一篇《海赋》也整整讲了一个学期。但他从不骂人，不过有时也发脾气。

由于校勘学是选修课，而选修的学生又不多，于是改在教员休息室上课（如余上沅先生的戏剧理论课，只有一个学生选，干脆就到余家中上课）。当时教员休息室里有一部分类书可备教师查阅，大概也是到那里上校勘学的一个原因。因为是第一次上课，

① 作者 1932 年考入北京大学中文系，后任山东师范大学中文系教授、山东省文联副主席等职。

可能中文系没有按照他的要求做好课前准备工作，以致使刘老发了脾气，并大发牢骚："这个课我教不了！我没法教！"学生第一次上他的课，摸不清他的脾气，没人敢说话，想不到教员休息室的工友却解了围。他一面把沏好的热茶送到刘老面前，一面用纯粹的北京话说："那哪儿成！像您这样有学问的先生，北京大学有几位？您不教，谁教啊！"工友一副毕恭毕敬的样子竟然使得刘老转怒为笑，他一边笑着吸烟，一边高兴地摇头，不再发脾气了。

正因为刘老这种性格，据说以前他在安徽大学（一说在芜湖）见到蒋介石，既没有称蒋为"蒋总司令"，也没称他"蒋委员长"，而直呼"蒋介石"，使蒋大为不满，找人传话"申饬"。刘仍直呼其名，并不改口，蒋遂下令逮捕；而刘毫不在乎，并说："士可杀不可辱！"后经蔡元培等名流向蒋说情，刘老才恢复自由。这种"威武不能屈"的高尚品德，进一步提高了刘老的知名度。

1932 年清华大学中文系主任朱自清先生休假出国，回国后写成《欧游杂记》出版，由刘老代理系主任。当年暑假清华大学招生时（当时各大学自己招生，自定考期，自己命题），语文试题，除作文题《梦游清华园记》外，并出对子"孙行者"，要求考生对。这是当时大学入学考试题目中的创举，因而引起轰动。一般学生大都以"胡适之"对"孙行者"，比较出色的是对"祖冲之"或"王引之"。因为以"祖""王"对"孙"（旧时称"祖父"一曰"王父"），从意义上说，显然比以"胡"对"孙"更为妥帖。

这次清华试题中出的"对子"，不少人以为是刘先生的意思，去年九月间看到《文史知识》第九期所载牟小东《牟润孙的史学师承》，才知道是由于清华研究院导师陈寅恪先生的建议并出于陈先生之手。

（辑自陈平原、夏晓虹编《北大旧事》，三联书店 1998 年版）

刘叔雅先生最近给我的印象

平 林

"刘叔雅先生是清华国文系同学所最欢迎的教授之一"，这是我两年来和国文系同学厮混娴熟而得到的论断。关于刘先生的轮廓、教书和治学，本刊曾经有过文章叙述，别的报纸上也可看到一点，不必待我来说；而且我又不是国文系学生，从来就没有选过刘先生的课，说一套门外汉的话，不是更令人齿冷吗？所以，关于这一点还是不说好，我且讲一讲刘先生最近给我的印象。

瘦弱的刘先生，受不了一点风霜，禁不起一点刺激的啰！但是，他唯一的公子在最近因肺病死了。狐裘袍要穿三四个月的刘先生怎能受得住这样一个刺激呢？

我因为旁听过半年刘先生的《文选》，对于刘先生也不免关心。那一天，我们要到三殿去参观，我到西华门的时候，同学们都很惊惨地在谈论，有一位就报告我说刘先生的公子死了。我怦然一惊，立刻就想象起刘先生的悲痛情状来。

刘先生是极重感情而且富忠义之气的人，当东北沦陷时，刘先生痛祖国遭奇异的侮辱，没有一天不义愤填膺，咬牙切齿痛骂日本。我们看，在日本飞机到北平来的时候，他没日夜地译出荒木“告国民书”，就可见他的满腔热血了。而今，他遭了这天伦惨变，由悲家而复引起伤国的情绪来，瘦弱的刘先生恐怕忍受不了吧！

刘先生请假了两星期，今日没有他的请假条了。经这两星期的忧愁，刘先生一定更瘦了！

老实说，我不是去听他讲《荀子·正名篇》的，我是去看看刘先生而上他的课的。

上课铃摇了五分钟后，刘先生挟了白布书包提帽子到教室门口站住了，意思说要去解手立刻就来。同学们却似急于要给刘先生一个安慰似的都站了起来，向他点头，那一股严肃的空气，是在别的教室中看不到的，害得刘先生不得不进来把书包帽子放下再出去。

“还好，刘先生也不见得怎么更瘦。”

一位同学在刘先生出去后说。

“唉，他再瘦到哪里去呀！”

我却这样的回答了。

“我实在太抱歉了，今年一年就没有好好的上过一点钟课，为了私事，耽误诸君这许多时候，实在抱歉之至。”

刘先生说得太诚恳太客气了，把教室里的空气弄得更严重些。

后来他说起他公子的事，他说到“死者已矣，生者可怜”这话，我想他的泪快夺眶而出了。因为刘夫人受了这创痛后得了心血病了。他又说，世界上为人类、为国家牺牲的人很多很多，为病而死不是应该？我知道他因此而想起国事的可悲来了，这一种的达观徒然是增加悲痛罢了。所以我始终不愿承认刘先生能达观的。

但是，刘先生说了一句很沉重的话。他因为觉得过去没有能好好地教书，所以说："此后我倒可以安心地上课了。"他把这话说了有五六遍。在这时候，他说出这样一句话，使我们觉得分量特别沉重的，从这句话，我似乎忽然了解了刘先生的自处，刘先生也许觉得"吾有道可传，虽无子，亦何害"吧？那是刘先生真能够达观的了。

我们不知道朱晦庵的儿子教什么，我们只知道他格物致知的学说；我们也忘记了王阳明的儿子的名字，他主张的良知良能却是大家知道的。从刘先生这一句沉重的话，我想起了好些百千年前的故事来，也许可以用来宽慰刘先生于万一吧！

（辑自 1935 年 3 月 19 日北平《大学新闻周报》第 3 卷第 3 期）

教授印象记·刘文典（叔雅）

佚名

常言说："以貌取人，失之子羽。"这句话很像特别是为我们刘叔雅先生而设的。幼时读《新青年》，看见刘先生清新美丽的文笔、绵密新颖的思想，辄幻想作者必定是一位风流倜傥、才气纵横的"摩登"少年；后来又从书铺里看到刘先生的大作《淮南鸿烈集解》，读一读卷首古气磅礴的自序，再翻一翻书中考据精严的释文，才又悟到作者必定是一位架高鼻梁眼镜，御阔袖长袍，而状貌奇伟的古老先生。因为有这一种观念在脑子里，所以考入清华那年，大一国文不选杨遇夫先生，不选俞平伯先生，也不选朱自清先生，而单选这位善解文字给人种种不同印象的刘叔雅先生。但当第一次看见刘先生时，这种矛盾无稽的幻想，一下子就逃走得一往无踪了。记得那日国文班快要上课的时候，我喜洋洋坐在三院七号教室里，满心想亲近这位渴慕多年的学术界名流的丰采。可是铃声响后，走进来的却是一位憔悴得可怕的人物。看啊！四角式的平头罩上寸把长的黑发，消瘦的脸孔安着一对没有精神的眼睛；两颧高耸，双颊深入；长头高举兮如望空之孤鹤，肌肤瘦黄兮似辟谷之老衲；中等的身材羸瘠得虽尚不至于骨子在身里边打架，但背上两块高耸着的肩骨却大有接触的可能。状貌如此，声音呢？天啊！不听时犹可，一听时真教我连打几个冷噤。既尖锐兮又无力，初如饥鼠兮终类寒猿……罪过，罪过，唐突刘先生了。然而在这赤日炎炎的天气，弄这劳什子，实在也够苦；若不松一松笔头说两句放肆的话而尽管严肃下去，说不定立刻要发痧；并不是成心要刘先生开玩笑的，这个倒要请刘先生多多原谅。

好了，闲话休提。且说刘先生外观虽不怎样动人，然而学问的广博精深、性情的热烈恳挚却是予小子到如今仍觉得“十二万分”（刘先生常用言语）地佩服的。记得有一次小子的课卷上无中生有的被助教先生添上了一个错字（国文系主任请注意!），当时真不平极了，马上找刘先生办交涉去；害他老人家气得摇头咂嘴，回去还同助教大闹一场。如今回想起来，仍觉十分不过意。但事后我却占了一个大便宜，就是所有的课卷都由他老人家亲手删改了。从这小小的事件上，我们已经可以窥见刘先生性情恳挚的一斑。然尚有一事更可以使我们对于刘先生表示极大的敬意的，就是刘先生爱国心的热烈，真是校内无二人！去年长城战事闹得极凶的时节，刘先生每次上国文班，必划一部分的时间，哭丧着脸向我们申说国势的阽危，并且告诉我们日本侵略中国的决心及其历史背境，教我们赶快起来研究日本。刘先生那时正着手翻译日本陆军大臣荒木贞夫氏的《告全日本国民书》，有一天上国文班时精神委靡得连说话都几乎没有声音，说是因为昨晚译书到夜里三时才休息。我当时听了刘先生的话，眼泪真要夺眶而出了。

说到刘先生学问的渊博精深，这个更使我这不学无术的小伙子惊异得如同刘姥姥进大观园，除了拍手嗟叹之外，不能赞一辞。刘先生是国内有名的训诂学家，这是谁都知道的。但当他教我们《圆圆曲》《万古愁》两篇文字时，把明末清初的事迹如数家珍般的一一说给我们听，并且在黑板上列举了许多典故，像这种博涉群书而又能驾驭的力量，岂是时下一班读两卷小书便以学者自命的小鬼们所可与同日而语的？

我很抱歉，这篇文字因限于字数，有许多应该说的竟不能说了。但我想读者诸君从这短短的一千字上，对于刘先生的人品和性格，大概可有相当的认识；因为我深信我的叙述是忠实的。末了，容我向我所最敬爱的刘先生致最大的敬礼。

（辑自 1935 年 7 月《清华暑期周刊》第 10 卷第 7、8 期合刊）

一位稀里糊涂的和事佬①

张中和

1945年9月，十舅张中和作为美军翻译，随美军复员到了昆明。我们七年后再见面，自然万分高兴。当时，他拟投考西南联大，但是由于联大考期已过，就只好在昆明住下来，等候清华的转学考试。

一天，他和云南大学的张友铭先生聊天，说起凡是合肥人，名叫“刘文×”的，就很可能是他的表亲。于是，热心的张先生就把他带去拜访著名的刘文典教授。那可是真正的章太炎弟子，做过孙中山的秘书，坐过国民党的监狱，与蒋介石有过面对面、甚至肢体接触的斗争，是有权威学术专著的国学大师，庄子专家（今日文怀沙与之相比真乃“不可同日而语”）。但是，他吸食鸦片，会见时他始终躺在烟榻上，手不离烟枪。十舅舅当时恭恭敬敬地自报了家门：“我叫张中和，我的外祖父名刘盛休，是刘铭传

① 作者系沈从文妻弟。此文假借沈从文之子沈龙朱口吻而写。

的侄辈。我的母亲是刘盛休的第七个女儿……”话未说完，刘先生就微微欠起身说：“嗷，我晓得了，七姑大（音打，合肥土话），能干得很哪！”说完又继续躺下抽烟。就这么简单，刘先生接受了这个小表弟。当时，十舅还不到21岁，刘先生已经至少是54岁了。刘先生说我（龙朱）的三外（音未，合肥土话）奶奶能干得很，是因为她的母亲去世很早，她十三岁就开始管家，是刘家有名的能干姑娘。刘先生能知道这一史实，说明他这位表兄是货真价实的。

据十舅说，刘先生对他这个小表弟还是很在意的。有两件事足以证明。一是刘先生夫妇下乡时，把家门钥匙交付了十舅；另外，还主动给十舅介绍了一份挺不错的家馆。

认亲的第二天，十舅就高高兴兴来到我家，向妈妈爸爸汇报了经过。爸爸、妈妈都停止了手头的事，相对一笑，笑得有点古怪，有点滑稽。爸爸说：“我们去看看他吧！”妈妈说：“好！”于是，第二天十舅就陪他们去了刘家，记得妈妈还带去了一些好茶叶。据十舅回忆，会见时刘先生还是始终不离烟榻，只是微微欠起身说：“我和沈先生是同事，却没有说过话。”说完，又躺下继续抽烟。由于光线昏暗，看不清刘先生的表情，但听得出言语间有点嗫嚅。爸爸和妈妈也始终微笑着，却没有说什么话。在刘家烟雾缭绕的斗室里，气氛倒是十分“和谐”。

六十五年过去了，现在十舅已经是一位85岁的老人。直到去年，他才由于一本畅销书《狂人刘文典》（作者章玉政）而恍然大悟，当时昆明流传一个笑话，几乎所有的昆明人都知道，只有十舅这位初来乍到的年轻人稀里糊涂。原来刘文典特别注重学历，看不起沈从文这个白丁。他说：“陈寅恪教授值四百元，我只值四十元，沈从文我只给他四元。”传说跑警报时，刘文典还说：“我跑警报是为了保存庄子，你沈从文跑什么？”人们都津津乐道，认为这位骂人的大师真有个性，真有水平。同时也认为那位经常挨骂并用微笑面对责难的爸爸也挺有个性。至于十舅舅，误打误撞地夹在大师和“白丁”之“中”，机缘凑巧地完成了“和”事佬的角色，看来既很有水平，也符合个性。

刘文典先生也是淮军之后，是从来没有人（包括他自己）说过的事。这一信息倒是值得传给刘先生的公子刘平章先生，供他做一些考据，以澄清史实吧。

【附】“严正”声明：上述文章并非本人著作，实为张中和十舅冒充本人身份，窃用本人姓名，企图投稿《水》刊。鉴于内容均为事实，作者又是本人长辈兼大媒恩人，拟不再追究责任。特发此声明，意在：万一因文章内容发生法律纠葛时，与我无关；但有机会正式发表时，则版权、稿酬本人自当全部笑纳。

沈龙朱　戏作

（辑自百年望族张家内刊《水》，王道先生提供）

另一次会面①

沈虎雏

走出爸爸在昆明的宿舍，不远是文林街东头，马路一溜下坡并向右拐，然后急转弯往左，下到坡底时，爸爸领我进了一户路边人家。

屋里昏昏暗暗，看不清周围摆设，只见床上一盏烟灯，微微黄光把周边一尺内事物照亮。有杆烟枪在亮处，它晃动着若有所指。

“坐，坐……”

声音来处黄光渐弱，主人面容若隐若现。爸爸照烟枪指引，找到了座位。

吃烟的屋子全是暗暗的，气味也差不多。这一处不过更暗些，烟味更浓罢了。爸爸坐定后不讲话，静静等待主人继续享用，一阵阵吞云吐雾，原本勉强可辨的东西更模糊了。

主人微微欠起身，对爸爸似乎说：“呃，唔。”

① 作者系沈从文次子。

爸爸不解，没开腔，我知道他仍然抿嘴含笑。

老先生暂时放下家伙，伸出指头比划着：“二，五……”

他操着浓重合肥腔，比我合肥妈妈合肥舅舅口音土得多。

主人两眼在昏暗中闪光。据解释，世间万物，都离不开二、五这两个数目。人的手、脚、眼睛、耳朵、鼻孔是二，手指、脚趾是五……

“那么，嘴只有一个，跟二、五有什么关系呢？”老先生提出问题，不急于解答。爸爸和我都竖起耳朵倾听。

“我孩子找到答案，上下嘴唇，是二！”

爸爸会心地笑出了声，老先生精神来了，笑得开心，又举出许许多多事物，经他一一点化，都跟二或五挂上了钩。

这是 1945 年秋天的事，我正读四年级，随爸爸拜访亲朋，从不关注大人谈什么。这回太好玩了，主人还在抖出新例证，我小脑瓜飞快转动，想出一串反面例子，存心跟二、五扯不上，但出于礼貌没开口。现在想想有点可惜，假如当时勇敢插嘴，一定会勾出主人更玄妙的论据。

走出那户人家，我说这伯伯真有趣，爸爸说“书读得好”。他讲这话意思是“很有学问”。

近些年，涉及西南联大掌故文章，常提到当年昆明流传国学大师刘文典教授看不起沈从文的笑话，几种不同版本都异常生动，被一再转述引用。

作为沈从文家人，我跟其他读者一样对这些故事充满兴趣，毫无屈辱感。除了欣赏两位主人公鲜明个性，还隐隐记得那次访问的正是刘文典伯伯。我见证了两位文人独特个性的另一面，那些掌故记录者、转述者从来没听说过。

为了核实，问过当年云南大学校长熊庆来公子，得知刘文典教授住在校内某处。这确凿事实叫我困惑，难道那次访问的是另一位？

直到拜读我十舅假冒沈龙朱之名，发表在《水》上《一位稀里糊涂的和事佬》，披露他 1945 年刚到昆明，没听过那些笑话，曾兴致勃勃告诉爸爸妈妈头天拜访刘文典，认了个表亲经过。爸爸说："我们去看看他吧。"于是第二天他又冒冒失失领着爸爸妈妈进城去看望老先生。

我赶忙去问十舅，十舅记忆完整清晰，当年刘文典教授住的正是坡底路边那个家，校内宿舍是云大后来安排的。

算起来，我去的那次，至少是爸爸第二回主动登门了，没有刻意准备的话题，只是带着他经常的抿嘴微笑，坦然坐一坐。

他没解释过为什么要这样，四十年后我逐渐知道，一个没有学历的无名小卒弃武从文，在穷困潦倒中求学读书、挤入文坛、爬上讲台，每一步都幸运地得到过许多热情鼓励、支持、帮助，每一步也不可免要承受各种打击、阻挠、否定。两方面都不乏知名作家、学者、要人，能列出两串长长的名单……

（辑自百年望族张家内刊《水》，王道先生提供）

关于刘叔雅先生磨黑之行①

萧 荻

《春城晚报》日前刊登了吴晓铃先生的文章《忆刘叔雅先生数事》。文中提到的刘叔雅先生到普洱磨黑一事，是我向晓铃先生谈及的。但对此事的原委，晓铃先生则因限于篇幅，语焉未详。此事经过较为曲折，晓铃先生又即将赴美讲学，无暇重改，作为当年与刘先生同行赴磨黑者之一，我有责任把此事补述一下。

普洱磨黑井是滇南著名产盐区，也实际上是当时滇南盐、茶以及鸦片等商品的主要集散地。这里距昆有千里之遥，山高谷险，沿途土匪猖獗，行旅者只能跟着大队马帮（多配有枪支武装），走十多天才能抵达。山乡虽然富庶，却因过于闭塞，当地仅有宝兴镇小学一所，连初中也没有，盐商灶户的子弟升学都很困难。因此，1941 年秋，曾派人来昆明张贴启事，公

① 作者原名施载宣，19 岁考入西南联合大学。剧评家，资深报人。

开招聘教师去磨黑办学。

1941年春，蒋介石国民党制造皖南事变，又一次掀起反共高潮。中共西南联大地下党组织，按照党中央“荫蔽精干，长期埋伏，积蓄力量，等待时机”的十六字方针，及时把一批共产党员和进步学生撤出联大，分别疏散到外省和省内各州县，也正需要选择能够荫蔽骨干、开展工作的适当地点。经过认真分析，1941年10月，吴显钺（化名吴子良）、董葆先（化名董大成）两个共产党员便应聘前往磨黑，先办起两个补习班，为筹建磨黑中学作准备工作。

当时，磨黑是在大豪绅、灶家首户张孟希控制之下的。他先后担任过普洱道尹的警卫队长、团防大队长、边防营营长、盐运使及普洱县参议和磨黑商会会长等职，在思普区有较高的社会地位。他手下还有一支有数百人枪的私人武装。因此，他能够在这个“天高皇帝远”的地方称王称霸，连思普一带的政府、驻军以及直属国民党中央的盐场公署，都得让惧三分。张孟希是个有野心，又比一般的土豪有见地，较能接受新事物，很爱附庸风雅，自我标榜进步的人。磨黑要办学，他是当然的董事长。照他的想法，办学不用他拿钱，凭借他的势力，从到磨黑贩盐的马驮子上，每驮加收一笔学捐，维持学校开支，还有剩余。这样，不仅能够使当地灶户、商民子女可以上学，在社会上传名，还可为他自己培养人才，实现更大的政治野心。而从党的需要来考虑，只要做好对张孟希和当地士绅的统战工作，把学校办好，取信于民，不仅可以站稳脚跟，安全地荫蔽骨干，还可以向朴实的山乡青年传播爱国的革命思想，逐步发展成为党的活动的较理想的据点。经过吴子良、董大成二人一年的艰辛努力，在学生家长中树立了威信，也取得了张孟希的信赖，办学的条件已经成熟。1942年底，吴子良便回到昆明物色志同道合的同志同去磨黑办学。由于他俩是应聘而去的，无需隐讳自己是西南联大同学，张孟希本人则对西南联大迁到昆明，著名教授云集，也早有所闻，因此在吴子良返昆延聘教师的同时，便提出了想礼聘一位名教授到磨黑小住，为他的亡母撰写墓志铭“以光门楣”，进一步提高他在滇南的社会地位。

吴子良和董大成原都是西南联大地下党领导的进步社团“群社”的成员，延聘教师的事，有“群社”同志的支持，并不为难，于是我和许冀闽（我俩和吴子良又都是1939年“民先”解散后成立的秘密组织“社会科学研究会”的成员）、郑道津（“群社”社员）决定和吴子良同志同去磨黑。至于礼聘名教授则并不容易，于是想到有“二云居士”雅号（因他“阿芙蓉”癖甚深，又嗜云南火腿）的国学大师刘文典（叔雅）教授。当时通货膨胀，物价飞腾，教授生活已大不易，叔雅先生鸦片烟瘾又甚重，张孟希当时既以厚礼相聘，表示保证供应他鸦片和全家三人生活费用，回昆时再致送“云土”五十两作为谢仪，当时他又正在休假（清华制度，教授每工作四年可休假一年），所以磨黑虽然山遥路远，但有滑竿代步，也欣然允诺了。

对于是否请刘叔雅先生同去磨黑，我们和吴子良同志等曾有过不同意见，但最后吴子良同志分析：刘叔雅先生在联大属于“灰色教授”，在学术界则有较高名望，他到磨黑后，会整天躺在烟榻上吞云吐雾，对我们的办学工作不会多所干预。而我们初到磨黑的主要目的是“站稳脚跟，笼络士绅，深入工作（即办好学校），培养学生”，请他同行，并不违反党的十六字方针的要求，而且对我们的工作也能起一定的掩护作用。最后，我们才同意了这个意见。于是，在1943年初，刘叔雅先生夫妇及其幼子，便和吴子良、我、许冀闽、郑道津（连同留在磨黑的董大成共五人）一同乘汽车到玉溪，等候张孟希派来的大队马帮同往磨黑。

山乡僻壤的磨黑，一下子来了一批大学生，还有号称“国宝”的大教授同来，自然是空前盛事。我们按照党提出的“勤学、勤业、勤交友”的

“三勤”精神努力办好学校，在学生及其家长中建立起一定的威信，站稳了脚跟，也取得了张孟希的信任。同时，还由吴子良、董大成二人负责，在学生中选拔一批人参加了秘密读书小组，学习马列主义和革命书刊，在青年学生中播下民主、进步的思想种子。如果说我们取得点滴成就的话，那就是为以后党陆续派黄平、陈盛年、袁用之、潘铭、曾庆铨、蒋永尊等一批共产党员和进步学生到磨黑开展工作准备了一定的条件，使磨黑逐渐发展成为党在思普地区活动的中心据点。到解放战争时期，磨黑中学绝大部分师生都直接参加了武装斗争，还有不少同志在战斗中英勇牺牲，为云南的全面解放作出了应有的贡献。

刘叔雅先生在磨黑只住了四个来月，1943 年暑假开始，便由张孟希派人礼送回昆了。他虽然住在磨黑中学，但对我们办学工作并不干预，平时也很少出门，多半在自己宿舍内吞云吐雾，在烟榻上和张孟希及当地士绅谈古论今。这些场合，多数由吴子良校友抽空作陪。每周他也抽点时间，找我们几个老师和当地有文墨的士绅讲《庄子》《昭明文选》和《温、李诗》；偶尔也给学生作个报告，但初中学生听不大懂，所以并不经常。刘叔雅先生对我们这些联大学生不远千里到磨黑办学的目的，当然并非全无所知，但他并未作过什么干扰，有时也还在一些士绅中间对我们作些褒词。说他给我们作了“挡风墙”，除了他的到来给我们壮了“声威”之外，又给张孟希的母亲撰写了墓志铭，也使张孟希分外感到荣耀，有利于我们对他进行统战工作。

刘叔雅先生返昆以后，受聘于云南大学，专门去研究《大藏经》了。据事后了解，他并未有过什么不利于我们的言行。至于他之受到联大教授们的非议，主要的怕是收受了张孟希馈赠的五十两“云土”。

解放后，据说他在政治态度上也有所转变，曾出席过全国政协的会议，鸦片也戒掉了。1956 年我有机会到昆明，曾一度在挤公共汽车时与他相遇，还承他邀到府上小坐。他过去的“狂狷之气”也大有改进。此后二十多年无缘来滇，听说他是在五十年代末期去世的。我只是那次在磨黑听过他为我讲课，他讲的《庄子》和李商隐的《锦瑟》、《过陈琳墓》等名篇，确有其独到见解，至今记忆犹新。他不仅学有专精，而且博闻强记，我在备课中遇有疑难，向他请益，他往往是要我查某书某篇，并不直接作答。今天我仍然认为他是曾给我不少教益的老师。我有责任把他磨黑之行的真实情况说清楚。

（辑自 1985 年 8 月 31 日、9 月 3 日《春城晚报》）

陈寅恪、吴宓与刘文典①

吴学昭

一九四三年七月，父亲作长函复寅恪伯父去年八月二十七日桂林来函，附寄丁则良追悼张荫麟文、父亲油印诗页，并赠桂林《旅行杂志》第十六卷第三期一册，该期杂志载有父亲撰写的《〈石头记〉评赞》。《〈石头记〉评赞》是父亲根据多年研究西洋文学、哲学、艺术之所得，及自己的体会，对《石头记》作出全面的评论。一九三九年元旦用英文作成，一九四二年秋译为中文（文言），刊于《旅行杂志》。

父亲致寅恪伯父长函及所附各件，都是托付西南联大历史系本年毕业生房鸿机带去桂林面呈的。父亲在信中谈到西南联大下学期不拟聘刘文典教授的事。

解聘教师，不是一件小事，更何况解聘一位随校南迁的著名教授。

① 题目系编者所拟。作者系吴宓之女。

刘文典教授被清华解聘，父亲最初是听浦江清说的。父亲日记中，只记有为此事不平，没有说明事情原委及内在原因。有一种说法，“是由于一次课间休息，教师休息室中刘先生直指一位读错了古音的同事，这在学界自然会引起极大的反应。从某种意义上说，这是一种令人难堪的羞辱。由羞辱而积怨，终于导致报复，贤者在所不免。”[①] 另一种说法，谓一九四三年春，普洱磨黑井大盐商张希孟[②]请刘文典为其母写墓志铭，并作游记，开发该地；刘一九四三年四月赴磨黑。五月，学校按惯例给教师发送聘书。时任清华中文系代理主任的闻一多，本不满刘文典去普洱，学校未与他联系径直发送聘书，大怒，立刻给刘去信称，发了聘书，也要收回。且云：“昆明物价飞涨数十倍，切不可再回学校，试为磨黑盐井人可也。”据说闻一多发信前找过文学院长冯友兰，提出对刘文典先停薪然后考虑解聘。冯“看到闻一多态度很是坚定，便接受了这种处理意见”。[③]

事实经过究竟如何？刘文典本人也有说明。他起初认为闻一多的信不过是“半官式信”，没有回复；只给西南联大中文系主任罗常培写了一信说，“雨季一过，必然赶回授课，且下学年愿多教两小时，以为报塞。”七月二十五日，刘文典又给联大常委、清华校长梅贻琦写去一封长信说明情况，自剖心迹。此信寄由西南联大中文系主任罗常培转，全文如下：

月涵先生校长道鉴：敬启者，典往岁浮海南奔，实抱有牺牲性命之决心；辛苦危险，皆非所计，六七年来亦可谓备尝艰苦矣。自前年寓所被炸，避居乡村，每次入城，徒行数里，苦况尤非楮墨之所能详。两兄既先后病殁湘西，先母又弃养于故里。典近年日在贫困交迫之中，无力以营丧

① 作者原注：鲲西《清华园感旧录》，页13。

② 编者注：应为“张孟希”。

③ 作者原注：见闻黎明《关于刘文典的记忆》，载《西南联大北京校友会简讯》第35期，页9—11。2004年版。作者原文将一九四三年误记为一九四二年，笔者此处已予改正。

葬。适滇南盐商有慕典文名者，愿以巨资倩典为撰先人墓志。又因普洱区素号瘴乡，无人肯往任事。请典躬行考察，作一游记，说明所谓瘴气者，绝非水土空气中有何毒质，不过疟蚊为祟，现代医学，尽可预防。“瘴乡”之名倘能打破，则专门学者敢来，地方富源可以开发矣。典平日持论，亦谓唐宋文人对瘴气夸张过甚，王阳明大贤，其《瘗旅文》一篇对贵阳修文瘴气形容太过。实开发西南之大阻力，深愿辞而辟之，故亦遂允其请。初拟在暑假中南游，继因雨季道途难行，加之深山中伏莽甚多，必结伴请兵护送。故遂以四月一日首途。动身之先，适在宋将军席上遇校长与蒋梦麟先生、罗莘田先生，当即面请赐假。承嘱以功课上事与罗先生商量，并承借薪一月治装。典以诸事既秉命而行，绝不虞有他故。到磨黑后，尚在预备玄奘法师传，妄想回校开班，与东西洋学者一较高下，为祖国学术界争光吐气。不料五月遽受停薪之处分，以后得昆明友朋信，知校中对典竟有更进一步之事。① 典初尚不信，因自问并无大过，徒因道路险远，登涉艰难，未能早日返校耳。不意近得某君来“半官式”信，云学校已经解聘。又云，纵有聘书亦必须退还。又云昆明物价涨十数倍，真有此事耶？米果贵至万元耶？切不可再回学校，长为磨黑盐井人可也。其他离奇之语，令人百思不解。典此行纵罪在不可赦，学校尽可正式解聘。既发聘书，何以又讽令退还？典常有信至校中同人，均言雨季一过，必然赶回授课，且有下学年愿多教两小时，以为报塞之言。良以财力稍舒，可以专心全力授课也。此意似尚未向罗先生提及也。此半官式信又言，典前致沈刚如②先生信中措辞失当，学校执此为典罪状。伏思典与沈君笃交，私人函札中纵有

① 作者原注，此处有眉注：此事有罗先生为证，何竟有人以物价飞涨劝其久住磨黑，一面又说典将不再返校耶。

② 作者原注：沈刚如，时任西南联合大学常委办公室秘书。

文词失检之处，又何致据此兴文字之狱乎?[①] 学校纵然解聘，似当先期正式通知，何以用此半官式信? 此事芝生、莘田二公亦无片纸致典，仅仅传闻昆明谣言典一去不返，故正觅替人。典虽不学无术，平日自视甚高。觉负有文化上重大责任，无论如何吃苦，如何贴钱，均视为应尽之责。以此艰难困苦时，绝不退缩，绝不逃避，绝不灰心；除非学校不要典尽责，则另是一事耳。今卖文所得，幸有微资，足敷数年之用。正拟以全副精神教课，并拟久住城中，以便随时指导学生。不知他人又将何说? 典自身则仍是为学术尽力，不畏牺牲之旧宗旨也。自五月以来，典所闻传言甚多，均未深信。今接此怪信，始敢径以奉询，究竟典致沈君私人函札中有何罪过，何竟据以免教授之职? 既发聘书，何以又令退还? 纵本校辞退，典何以必长住磨黑? 种种均不可解。典现在正整理著作，预备在桂林付印。[②] 每日忙极。今得此书，特抽暇写此信，托莘田先生转呈。

先生有何训示，亦可告知莘田先生也。雨季一过，典即返昆明，良晤匪遥，不复多赘。总之，典个人去留，绝对不成问题，然典之心迹不可不自剖白。再者，得地质系助教马君杏垣函，知地质系诸先生有意来此研究。此间地主托典致意，愿意全力相助，道中警卫，沿途各处食宿，到普洱后工作，均可效力，并愿捐资补助费用。特以奉闻。忙极，不另写信矣。专此寸简。敬请

道安不一

弟刘文典再拜

（一九四三年）七月二十五日[③]

---

① 作者原注：此段文字上方，作者有眉注：当时因为债家所逼，急迫之中诚不免有失当之处，然自问之尚未至大逆不道也。

② 作者原注，此段文字上方，有眉注：此间诸盐商筹款巨万为典刊印著作。拙作前蒙校中特许列为清华大学整理国学丛书。不知现尚可用此名否? 乞并示知。

③ 作者原注：刘文典 1943 年 7 月 25 日致梅贻琦信，今存清华大学档案馆。

梅校长收阅刘文典长函一个多月以后，始于九月十一日手拟信稿，简复如下：

叔雅先生大鉴，日前得罗莘田先生转来尊函，敬悉种切。关于下年聘约一节，盖自琦三月下旬赴渝，六月中方得返昆，始知尊驾亦已于春间离校，则上学期联大课业不无困难，且闻磨黑往来亦殊匪易，故为调整下年计划，以便系中处理计，尊处暂未致聘。事非得已，想承鉴原。专函布臆，藉颂
旅祺不一

梅贻琦敬启

（一九四三年）九、十一[①]

梅校长的复信，对刘文典来信的诸多奉询，未作一语解答。似亦完全不记得刘文典行前在宋希濂席上，曾向他与蒋梦麟、罗常培二先生当面请赐假。

为刘文典教授被解聘，清华中文系同事亦曾去向代理系主任闻一多讲情。据王力回忆，“我们几个同事去见闻先生，替那位老教授讲情。我们说这位老教授于北平沦陷后随校南迁，还是爱国的。闻先生发怒说：‘难道不当汉奸就可以擅离职守，不负教学责任吗?’他终于把那位教授解聘了。”[②]

父亲初闻刘文典遭清华解聘，曾与联大外文系法文教授林文铮提过此事，“铮命宓速函请寅恪函梅校长留典。”父亲有无采纳林君建议，不得而知，也不重要。因为早在梅贻琦校长复函刘文典表明不再续聘以前，寅恪

---

① 作者原注：梅贻琦 1943 年 9 月 11 日致刘文典信，今存清华大学档案馆。

② 作者原注：王力《我所知道闻一多先生的几件事》，载《闻一多纪念文集》，页 172，北京生活·读书·新知三联书店 1980 年版。

伯父已向云南大学校长熊庆来、云大文法学院院长姜寅清荐典为教授。据父亲日记，一九四三年八月十五日下午，“接陈寅恪八月四日桂林函，房君未往见，宓甚懊丧。知寅恪已函云大熊、姜二公，荐典。又寅恪将于八月中，携家赴成都，就燕京教授聘。宓因此，痛感宓在此经济、精神种种艰迫，遂决即赴燕京与寅恪、公权共事共学。”一九四三年八月十九日，“又接寅恪八月九日桂林函。知房生已往见，甚慰。又云‘毛女士返沪后，地址变更，姓名亦改。欲通音问，殊无办法’。”

寅恪伯父一家留居桂林良丰后，一九四二年度第一学期，仍住雁山。寅恪伯父除了下山到广西大学授课，其余多在山上埋头著述，屋顶有时漏雨，亦不隔热，蚊蝇飞舞扰人。家具奇缺。木箱为案，小凳为椅，双腿蜷曲箱边，一坐半天，笔耕不辍。寅恪伯父为杨树达撰《小学金石论丛续编序》，为邓广铭作《宋史职官志考证序》等，就是在这样艰苦条件下写成的。寒假中，全家迁入山下广西大学校园，住进教职员宿舍“半山小筑”，条件略有改善。

一九四三年七月，寅恪伯父还曾应迁于粤北的中山大学文科研究所坚约，冒着路上遭遇轰炸的危险，由桂林乘火车到坪石住几日，去作短期讲学。

（辑自吴学昭《吴宓与陈寅恪（增补本）》，生活·读书·新知三联书店 2014 年版）

一段小小的波折[①]

王玉哲

在大学本科四年的学习期间，总感到自己对中国史知识贫乏，根底浅薄，仅就我所喜好的上古史这个断代上说，也同样如此。有些古史问题，若想深入研究，经常感到吃力。所以，下定决心，大学毕业后要投考研究院作研究生，继续学习。

1940年我从联大毕业后，立即投考北大文科研究所。根据学校规定，必须交一篇论文，经审查合格，才有资格考试。我把论文交上，在等候通知考试期间，忽从联大同学中传来流传的谣言，说北大研究所已决定，不录取刘熊祥、王玉哲等三名学生。刘熊祥是我的同班同学，他来找我商量说，学校既已有此决定，不如自觉地撤回论文改考别校，以免将来名落孙山很不光彩。我犹豫了很久，决定还是试一试（刘熊

① 作者1936年考入北京大学历史系，师从钱穆；1940年考入北大文科研究所，师从唐兰。新中国成立后，任南开大学历史系教授，博士生导师。

祥后来考取浙大研究生)。

无风不起浪，这个谣传怎么起的呢?

在1938年春，西南联大文法学院因校舍问题，改在云南蒙自上课。我是历史系二年级的学生，选了刘文典先生的“庄子”一课，作了一篇读书报告，题为《评傅斯年先生“谁是齐物论之作者”》一文。我对傅先生认为《齐物论》是慎到的著作，不是庄周的说法，提出异议。当时颇得刘文典先生的赏识。当年秋后文法学院从蒙自又回到昆明。我这篇文章在联大教师间有所传阅。联大教师如冯友兰、闻一多等先生都读到我的原稿，极为称赞。顾颉刚先生以前同意傅先生的说法，在读了我那篇文章后，也改变过来，并主动推荐寄到《逸经》杂志。因为傅先生是我最尊敬的学者之一，未经他同意我暂不发表。所以，我又请顾先生把稿子索回。罗常培先生正主编《读书周刊》需要稿件，对我说，他想把我的文章拿去请傅先生作个答辩，与我的文章同时刊出，我同意了。可是傅先生看到我那篇文章后很生气，不但不写答辩文章，而且对我的意见很大。因此，我之此文便一直庋置箱底，至少在傅先生在世时我不打算发表了。

这个事件在联大师友之间颇有流传。我在报考研究生之前，曾在昆明报刊上发表过几篇小文，在识与不识的老师和同学之间，认为我的学习成绩是较好的。中文系主任罗常培先生在讲课时就曾举例说，历史系有个学生王玉哲爱作翻案文章；又如朱自清先生在课堂上讲到《左传》时，也曾提过我讲《左传》性质的一篇文章；冯友兰先生在课堂上讲庄子时也提出我论《齐物论》的那篇文章。这都是听课的同学后来向我透露的，有的还向我借那篇文章去读。1940年暑假前，我是在这种气氛中报考北大文科研究所的。有的同学对我说，你的成绩好，考取绝对没有问题；有一个教过我日文的老师对我说，只要不是傅斯年看考试卷，就一定会考上。我也被这些称赞冲昏了头脑，也认为考试很有把握。

当时北大文科研究所所长是胡适先生，副所长是郑天挺先生，胡先生在美国未归，由傅斯年先生兼代理所长。听说傅先生在审查我的论文时，一看我的名字，就把我的报考论文提出来，对别的老师说，这类学生我们不能录取，他的城市气味太浓，不安心刻苦读书，专写批驳别人的文章。可是其他审核论文的老师，老给我说好话，并人力推荐。于是论文一关算通过。另外还有笔试，也勉强通过。最后是口试一关。面试我的老师，正是我最怕见到的傅先生，傅先生问我几个问题，记得全很难回答，其中有一问题是：《秦公簋》铭文中“十有二公”是哪十二公，是从非子算起，还是从秦仲算起？还是从襄公算起？该器是什么时代作的？这一连串问题，问得我张口结舌，汗流浃背。我完全没料到会问金文上这些问题。

当天考试下来，我自然是捏着一把汗，对我今后的去向渺茫了。

后来听说在录取会议上，傅先生本来主张不录取我，为了照顾其他先生的意见，最后把我录为“备取生”（过去学校招生，在正式录取名额以外，还录取数名，以备正取生不到时递补）。并且说，他还要到四川去招生，如果招不到更好的，再把我由备取转为正式生。

这段经过对我的打击很大，使我在联大同学中抬不起头来。这时联大已放暑假，同学们都尽情地享受轻松愉快生活，而我则愁眉不展，坐立不宁。我的同班好友李埏，这次已经金榜题名，他是云南路南人，就要束装返里，对我处境很同情，对我说，备取生递补的机会很大，叫我不必过虑，他说等开学后，一有喜讯他会马上通知我。他又强挽我随他一同到路南他的老家去，顺路去游览全国文明的“石林”名胜。

那年暑假一晃即过，学校也开学了。幸运得很，开学不久，李埏即去告诉我说，我已被正式递补。就这样，我才正式入了北大文科研究所。

（辑自王玉哲《古史集林》，中华书局 2002 年版）

刘文典谈鲁迅

——说鲁是一个具有『迫害狂』心理的人

佚名

刘文典教授昨晚在云大泽清堂讲演“关于鲁迅”，他与鲁迅是幼时同学，又曾在北大同事，谈鲁迅许多人所不知的琐事。由这些琐事中，他认为鲁迅是“斗士”而不是“思想家”。他佩服鲁迅写的小说，但认为有不少的疵点。

刘认为鲁迅是具有“迫害狂”心理的人，正如他被陈独秀所促请在《新青年》杂志上所写的《狂人日记》中人物的心理，认为世界上的人都在迫害他。住在绍兴会馆里，认为全会馆里的人都在迫害他。在厦大教书，认为把他的寝室放在三层楼上是迫害他，“把他供在楼上”。

顾颉刚曾骂鲁迅所著的《中国小说史略》是抄袭日本人某的著作，刘为鲁辩护，认为鲁取材于此书则有之，抄袭则未免系存心攻击。

五四运动时北大被军警包围，刘与马寅初、刘半农等三人担任警戒工作，日夜防卫军警进来，后来被人称为“北大的守门犬”，以犬守夜，鸡司晨也。

鲁迅全集中曾提到刘，经黄某看到后告诉他，刘自认为是“嘉奖”。

刘讲到鲁迅“以牙还牙，以眼还眼”的人生态度，是太过于小气和褊狭，并且举例说：“人被狗咬了一口，人是否也还咬给狗一口呢?”

刘先生认为鲁迅先生说：“中国革命绝对不成功”是错误的，不对的，刘先生言下很想说出“今天我们不是眼看革命就要成功了”的话，其实鲁迅先生所指当日的革命者，今天又在被人家革命了！现在被革命的人纷纷逃窜，鲁迅先生所指那批人干的“革命”不成功，算是正中了，而刘先生所指则又是另一回革命。

刘指出鲁迅在其著作中，用的“典”读者看了不懂，不能“放诸四海皆准”，并举“引车卖浆者流”为例，说此典是出自林纾给蔡元培的信。其实，刘既认为抄段把书都可以，为何用别人的典又是不该?

刘说中国人的思想，自古以来都是“左”的，从来没有“右”的思想，鲁迅的思想也是继承中国的传统，所以，是“左”的。

刘将鲁迅比喻成武松，把围攻鲁迅的人比作《荡寇志》中实行车轮战术的人，以致鲁迅许多时间都耗在刘认为无意义的笔战中。

总之，刘昨晚演讲“关于鲁迅”，虽有褒有贬，然仍不失“鞭尸”的意味。

（辑自 1949 年 7 月 12 日昆明《大观晚报》）

西南联大教授与滇剧

陈立言

有着悠久历史和深厚传统文化的滇剧，是云南影响最大、深受人们喜爱的地方戏曲剧种。

滇剧在多年的演变形成中，曾出现了许多不同流派而有特色的名角儿，正是有了这些角儿们的精湛的表演，才赢得了人们对滇剧艺术的喜爱。

西南联大的教授多为我国著名的学者，许多人对以吸收诗歌、音乐、舞蹈、书法、绘画、武术等姊妹艺术的戏曲都有情钟，他们到昆明后，对具有云南地方特色的滇戏也极为称赞，认为滇剧是全国优秀剧种之一，当时几位名伶精湛的表演艺术，可以同国内著名京剧表演艺术家媲美。据杨南生在《滇戏泰斗栗成之》一文中所叙说："抗战期间，西南联大常委蒋梦麟、教授刘文典、陶光等来滇，颇欣赏滇戏，认为尚保持浓厚的地方特色，值得提倡，对于栗成之，尤致崇敬，颇为倾倒。成之卧室悬有玻璃风景镜框一个，上书金字'成之先生'，下书'刘文典赠'；又有直幅一张，书老杜句'此曲只应天上有，人间哪得几回闻'，下书为'蒋梦麟、梅贻琦、张伯苓'。此固天南艺人之荣誉，亦可谓戏剧界罕有之美谈。”（蒋梦麟为北大校长、梅贻琦为清华校长、张伯苓为南开校长，1938 年三校由长沙迁滇，组成国立西南联合大学，三位校长同时为联大常委。）从此文中可知，滇剧角儿精湛的表演艺术而得到了我国文化精英的首肯，足见滇戏艺术之美。

1944 年 8 月 1 日，是民国云南省政府成立十五周年纪念日，地方机关均放假一天。西南联大常委梅贻琦在当天的日记中写道：“晚有政府请客、演戏，有栗成之《八义图》，惜配角大差，未能尽其所长；其余京戏海派气太重，无足道也。”梅贻琦先生又在 1946 年 5 月 2 日的日记中说：“下午五点半省政府饭约，谓系欢迎张溥泉夫妇来昆并欢送余夫妇北返者。匆匆饭罢，六时半即散，又偕张夫妇至小西门内万松草堂朱家，主人与冯子钧作东约集滇剧演员数人清唱，晤高竹秋，于此道颇有研究者。张莼鸥、黄斐章亦在座……”5 月 18 日日记，“云大饭约，饭后高竹秋滇剧清唱，皆甚好。……”从梅贻琦先生日记中可见滇戏给北来学人之印象。

著名教授钱穆先生对滇剧艺术亦有回忆说：“有一退休军人，约叔雅、膺中及余三人赴其家度旧岁。其家在昆明湖之南边，已忘其地名，汽车去，共三日，……有一夕，停宿某县城，其城中有一老伶人，唱旦角，负盛名。已年老，不复登台。是夕，特在县署堂上邀其演唱，听者除叔雅、膺中与余三人外，县中士绅约不过三十人。滇戏在全国各地方戏中，与京戏最相近。余等因座上批评称道，并盛论京戏与滇戏之异同得失。演唱已毕，余等谈论犹不已。主人乃曰，不意三教授皆深通此道，滇中有老伶工栗成之，有‘云南谭鑫培’之誉，彼亦年老退休。待返昆明，当告以三教授乃难得之知音，必强其登台，以供三教授解闷。”

“及返昆明，果成议。栗成之每逢星期六之晚必登台，余等三人亦必往。余前在昆明，亦曾看过滇戏一两次，惟未见栗成之，但在茶肆品茗，则必有栗之唱片，常加听赏，及是，始亲睹其登台。犹忆栗之登台第一场，乃为《审头刺汤》。此台每星期六，栗出场必择唱辞少、工架多之戏。然栗之一步一坐一颦一叹，实莫不具有甚深功夫，妙得神情，有绝非言语笔墨之所能形容者。每逢其一次登台，余必得一次领悟。实为余再次赴滇一莫大之收获。亦为余生平一番莫大之欣悦也……”

钱穆先生于 1947 年春与刘文典、罗庸一起应护国起义元老之一的玉溪人李溪祥先生之邀赴玉溪旅游。时任玉溪县长的严中英先生亲自热忱接待，并陪同三位教授游览了玉溪的名胜。严中英先生从小酷爱诗文，当时被誉为“有真性情诗人”，对滇戏也有同好，故在三教授玉溪之行时，特在县署安排了一场滇戏清唱助兴。

对于戏剧有较深研究，并写出了《古琴魂》《京娘》《齐王封宫》等多部滇剧的云南艺术学院教授陶增义先生，曾感叹地说：“今日对传统文化尤其是对戏曲的关注不能与联大时期同日而语。”他嘱我留心联大学者对滇戏艺术的人文轶事。为此我曾多次求教云南大学教授、著名史学家李埏先生。

李埏先生回忆说：“联大北迁后留滇的教授只有刘文典、罗庸两先生，后来昆明五华文理学院筹建时，于乃义、于乃仁弟兄俩嘱我联系聘我的恩师钱穆先生任教，钱先生应允第二次来昆。当时陶光先生也在云大任教。他们几位对滇戏都喜爱，有段时间我曾与他们一起去劝业场（今五一电影旁）旁的彩演茶室听滇戏名角耐梅（张竹英）、状元红等人唱折子戏，她们还为刘文典先生在前排安一排弹簧座椅。听了十多个晚上后我因为要备课便不能时时陪同。因陶光对耐梅有好感，他与刘文典先生经常去，那时的耐梅可以说是才貌双全，经过一段时间的交往了解，陶光与耐梅便结婚了。我与刘文典先生都出席了他们在巡律街商务酒店的婚礼。陶光的家就安在翠湖边原五华图书馆旁（现云大对面省文联处）。婚后不久，陶光与耐梅经常发生争吵，原因是，因耐梅生得漂亮，唱戏嗓音又好，深得许多戏迷及一些地痞的追逐，常有人去缠着耐梅。陶光认为已经结婚了，耐梅还这样，觉得面子上下不去，常为此苦恼，便去向刘文典求教。刘文典告诉陶光，你只有离开云大把家搬远，陶光便到昆明师范学院任教，将家迁离翠湖边。过不了多长时间，又有人追到新居处找耐梅纠缠。此时陶光心情更为苦恼，又找刘文典诉说，刘文典只好无奈地说：别无他法，你只有离开昆明。随后陶光忧郁地携耐梅离昆明赴贵阳大学任教。陶光到贵阳后和耐梅的争吵随之即消，但隔不了多久，仍然又有人跑到贵阳找耐梅。随后陶光接到台湾大学邀请，便决然离开贵阳赴台大任教。对陶光与耐梅的结合，在刘文典与罗庸两先生之间还发生过不愉快的争执。刘文典与罗庸、钱穆三人从玉溪返昆时，刘文典有个亲堂兄弟在昆阳县任县长，又邀他们三人到昆阳浏览。到昆阳的当天闲聊时，罗庸与刘文典为陶光的婚姻事发生争执。罗庸认为，陶光作为一个学者不应与耐梅结合。刘文典则认为只要他们相爱就可，不必用世俗偏见指责陶光的选择，为此两先生争吵到面红耳赤，钱穆先生则从中调合劝解。第二天他们也无兴再留昆阳便乘船返昆明。那时钱穆先生因有胃病，我便租了北门街唐家花园的房，由我夫人对钱穆先生的膳食负责料理，在吃饭时钱先生就将昆阳发生的不愉快的上述情况告知我。”

现任云南省文史研究馆馆员的李瑞先生，1947 年就读云南大学时也是刘文典的学生，因爱好滇剧曾到南昌街老郎宫（现南昌小学处）拜望住在那里的栗成之先生，在栗先生家见悬有刘文典先生亲题“滇剧泰斗”书法一帧。李瑞先生现谈起栗成之先生的表演艺术还津津乐道。

刘文典先生酷爱滇剧，对滇剧推崇备至。在 1947 年 9 月 3 日，昆明广播电台为庆祝抗战胜利两周年举办的滇剧名伶演唱会上致词说：“真正能保持中国之正统者，唯有滇戏。希望爱护东方艺术者，有以提倡之。”刘文典先生又于 1949 年 10 月 30 日的《平民日报》南凤副刊为改进滇剧而召开的座谈会上说："我认为滇戏的朴实是极可贵的，希望能保持这种特性。"

上世纪 50 年代，刘文典先生对滇戏仍然兴趣不减。那时的栗成之先生年事已高，且体弱多病，还与著名京剧表演艺术家刘奎官先生等，受省军管会任命担任新中国成立后的云南省戏剧改进会的领导工作。一次刘文典先生又听了栗成之先生的演唱，不由得生出感慨，而后写了一首诗赠给栗先生："檀板讴歌意蓄然，伊凉难唱艳阳天。飘零白发同悲慨，省食憔悴李龟年。"

栗成之先生病故后，刘文典先生又常去看滇剧名角周锦堂等人的演出。据曾师从周锦堂先生学戏的陶增义告诉我说："刘文典先生十分喜听周锦堂先生的《八义图》，而对周锦堂先生演唱的《孔明拜灯》则提出了中肯意见，希望周先生应向栗成之先生学习，应唱出诸葛孔明临终之际的衰微与苍凉，唱出那种星殒灯灭、伟人抱恨终天的沧桑凄绝之感。"

50 年代中期，刘文典先生对滇剧后起之秀万象贞（小八音）的出色演出十分赞赏。万象贞是滇剧名艺人张禹卿（祝八音）的女弟子，是祝派旦角声腔艺术在当时最优秀的一个传人。刘文典先生对万象贞的赞赏与关注，说明他对滇剧的关心与爱护，他多么希望滇剧后继有人，再出现像栗成之那样技艺精湛的名角名伶。

（辑自昆明市政协文史资料委员会《昆明文史资料选辑》第 44 辑，2006 年版）

刘文典教授见到了毛主席[①]

张友铭

中国语文系于四月十九日下午三点钟举行了一个座谈会，由到北京参加全国政协会议的刘文典教授，报告了他的观感。

刘老教授首先回忆他离开北京已经整整十九年，那时北京已被日本帝国主义者占领了；而今天他是以主人翁的姿态，回到新中国的首都，去参加讨论国家大事的。他兴奋地说："对比起来，感情的激奋真是非语言文字所能形容的，下了火车，我立刻到天安门前，看见那两个华表，感动得竟使我这个生平不易落泪的人落下泪来。"

接着，他又叙述周总理的政治报告，如何影响了世界的政局。他说："我国已经成为世界上的强国，在世界政局上，已具有决定性的作用了。"他紧跟着说："这是从前所不敢想象的，如果不是共产党和毛主

① 作者系云南大学中文系教师。

席的英明正确的领导，在六七年中间，绝不可能由一个半殖民地的国家，一跃而成为世界上一个强大的国家，这简直是人类历史上的奇迹。”

他以极其激动的语调，描述了他几次见到毛主席以及毛主席同他握手谈话的情形。他说：“在等待着毛主席的接见时，二十三个专家都很紧张。但是等到了跟前，却一点也不紧张，如同最亲近的人到了跟前一样，除了尊敬之外，还感到非常地爱他。”

“你最近在研究什么？”毛主席问他。

“我在研究杜诗，研究完杜诗，再研究白居易。”他回答。

“很好。”毛主席说。

刘教授谈到这里，眼睛中透出闪闪的光芒。他进而表示说：他当时就坚定了献身给社会主义文化建设事业的誓愿和决心。

刘老教授又谈到在成都阅读有关杜诗的研究材料。他一再指出，做研究工作须要为人民服务，以及做学问一定要发挥集体主义精神的道理。他并且举了许多实际例子，说明党和毛主席是如何在关怀着高级知识分子们的进步、工作和生活。

（辑自 1956 年 5 月 12 日云南大学校刊《云大》）

国学大师之死

——刘文典先生在一九五八年①

张有京

我国著名国学大师，古籍校勘学一代泰斗，原北京大学、西南联大教授，云南大学已故一级教授刘文典先生（1889－1958），早年就读于章太炎、陈独秀等大师门下。先生不仅在学识上受益颇深，且在人格个性上也深深烙下其师的印迹，为人光明磊落、特立独行、不畏权贵。先生早年加入同盟会，留学日本时曾任孙中山的秘书，也做过《新青年》编辑部英文编辑和翻译。1928 年先生任安徽大学校长时，蒋介石刚执掌政权不久，想提高自己的声望，多次表示要到安徽大学视察，但刘拒绝其到校“训话”。后来，蒋虽如愿以偿，可视察时校园到处冷冷清清，没有所希望的那种隆重而热烈的欢迎场面。因为刘文典认为，大学不是衙门，不需要向权贵献媚。1962 年 3 月 10 日冯友兰致张德光的信曾提到 1929 年安徽大学闹学潮，

① 作者系云南大学教授历史学家张德光之子。

蒋介石曾到校指责刘文典先生："蒋怒说'你革命不革命?'刘先生亦怒说'我跟中山先生革命的时候，还不知道你在哪里'，蒋把先生囚起来。刘先生在狱中说'我若为祢正平（祢衡），可惜安庆没有鹦鹉洲。我若为谢崇乐，可惜我没有好胡子'。此为刘先生亲告我者。"出于先生在国内外学术界的巨大影响，1956 年他出席全国政协会议时，曾受到毛泽东主席的接见和赞赏，并亲切过问先生的学术研究近况。那么个赫赫有名的大学者，为何会含冤病故于 1958 年呢？为客观反映当年的历史，让人们了解一个真实的刘文典先生，我以父亲遗存的文字记录，如日记、笔记、书信往来等为据实录于后。

我的父亲张德光（1913－1986）生前曾任云南大学党委常委、副教务长、历史系主任，中国民主同盟云南省委常委，是当年云南大学历次政治运动的经历者和见证者。从他保存的私人文字记录中，可以看出一向以大师清高自傲、独来独往的刘文典先生却仍我行我素，出言不计后果，最终因悲愤与绝望，含冤病故于 1958 年的交心运动。

早在新中国成立初期的 1952 年，为改造"资产阶级知识分子"，清除"反动思想"在学校的影响，高校开展了声势浩大的思想改造运动。云南大学中文系教师学习组对刘文典先生的"封建权威思想"进行了过激批评帮助，系主任刘尧民先生甚至将刘文典先生写的两首古体诗无限上纲为"反动诗"。刘文典先生为此大为不快。直到 1954 年 1 月 24 日先生在与历史系主任张德光交谈时，还气愤地说："不要把我当中文系的人了，中文系的课我不高兴开了，我在 25 号辅导学生（历史系）是为了历史系，中文系的学生要来我当然不能拒绝，是云大的嘛！云大人来我都不拒绝。"张德光评论"此老火气大，中文系对他团结不够，至少是尊敬不够"。（《张德光日记》）继思想改造运动后，云南大学开展了两次激烈的政治运动中，即 1957 年的反右斗争和 1958 年的交心运动，后者对刘文典先生冲击特别严重。

据张德光记载："1957年反右斗争时，校党委整风反右领导组曾在校内民主党派老师中，收集整理过刘文典的右派材料，我也曾写过揭发刘文典的材料交校党委。因我未参加党委审定右派的会议，校党委为何未划他为右派我不知道。"（张德光1968年8月31日的交待材料《我替刘文典的〈庄子补正〉写跋的错误》）在反右斗争中还有些定为"右派分子"的老师，在经过无数次惨烈批斗后，为争取"宽大处理"在批斗会上作交待时，也曾揭发过刘文典先生的"右派言行"。如1957年7月23日，时任云大教务长的王士魁教授（被定为校内"大右派"）在批判会上交待其"罪行"中说道："刘文典说在云大不骂刘文典不是进步，学校离心力大，外出学习的人都不愿回来。学校再过几年不堪设想，读几年书再说。"（《张德光日记》）反右斗争后期，刘文典先生被校党委内定为"中右"。

1958年我国高校又开展了向党交心和大破资产阶级法权运动。在运动中，为了表达向党交心要忠诚老实，云大校党委居然以"大跃进精神"发动群众在全校开展写大字报和个人交心竞赛。并发动学生给教师提意见，给教师特别是对那些被认为有"历史"问题的老教师，带来极大政治压力。据张德光记载：1958年3月16日晚，在各系汇报运动进展及工作安排会上，校党委书记李书成说："两天来（运动）发展很快，上午（全校写大字报）3200多张（意见）800多条，下午中文系一万多条……意见多，质量高是先进。如中三（中文系三年级）每人200条，向全校挑战。"（《张德光日记》）3月18日"系学生（历史系）提意见已突破二万条，教师都被烧着一下。"（《张德光日记》）5月3日晚张德光在写个人交心材料时记有："写到106条已3点多，外出一看家家都已熄灯。"（《张德光日记》）6月1日下午，在历史系教师交心会上，"陈年榜谈交心思想斗争，交到70条时抵触起来，认为党是法官自己是罪人向法官写供状，想不通把笔都摔了”。(《张德光日记》) 在沉重的思想压力下，张德光和个别党员系主任，被迫又给自己戴上“资产阶级知识分子”的帽子作自我检查和接受群众批评。时为校党委常委、校长的李广田教授，对党委过“左”的做法曾表示反感，看到不少知名老教授，特别是他平日敬重的刘文典先生，被定为全校重点批判的对象，也爱莫能助。有时也难免迸发出不平的怒气，一天他生气地问张德光：“德光你们怎么这么随风倒呀？中央都宣布过知识分子大多数已是工人阶级的一部分，你们几个共产党员怎么又承认自己是资产阶级知识分子？”张德光内疚得无言以对。(张德光《忆李广田同志》,《云南日报》1979 年 1 月 25 日)

刘文典先生在运动中的结局如何呢？一生以狂傲放纵的独特文人风骨处世的刘文典先生，同往常一样绝不能容忍他人对其人格的侮辱。当交心转入大破资产阶级法权时，刘对师生贴他的大字报和会上的批评一概加以冷嘲热讽，因此成为运动的核心人物，被校党委定为“反动学术权威”，交全校师生集中火力进行揭发批判。先生在运动中的表现与遭遇，张德光多有文字记录，因受本文篇幅所限，仅选摘部分实录如下：3 月 29 日张德光去校党委开会研究运动情况时记有：“书成同志（党委书记）强调中文系堡垒刘文典、历史系方国瑜必须突破。刘文典在中文系组负隅顽抗，大言不惭地说，‘我是权威是你们捧出来的，在我面前上一炷香嘛！我不死谁敢教杜诗，即算能教也拿不了我这样多的薪水。’(高教一级月薪 350 元，相当于国家部长级别待遇)(《张德光日记》) 4 月 10 日，在系主任会议研究学校教改如何转入争论阶段时，“中文系反映刘文典对大字报相应不理，他说‘古今中外了解老子最深的是老子自己，之外，就算我刘文典了’。”(《张德光日记》) 在先生逝世后的 8 月 11 日，杨黎原副校长在传达全国教育工作会议精神时还提到在交心运动中，“刘文典说‘刘文典之所以成为刘文典就是因为我这一套，把它破了，我还能成为刘文典’”。(《张

德光日记》)

为攻下刘文典这一“顽固堡垒”，按校党委安排分别多次在中文系和历史系教师及学生代表以及校内各民主党派联合等批判会上，对先生的“反动权威思想”展开猛烈批判。4 月 4 日，在校内各民主党派联合整风会上，首先由张德光转达了校党委的意图，安排刘文典先生在会上作检查。刘文典先生的检查要点无外乎以下三点：1. 给自己戴上一顶空无内容的个人主义帽子。“我是极端个人主义。初烧时我认为自己是个大财主，仓库里东西很多，再烧就感到烧空了，空虚得很”。2. 批评自己有迷信思想。“我与张为骐（中文系教授，刘文典先生的学生，对刘文典先生十分崇敬）有共同语言，我也看佛经，我说信仰自由是宪法规定的，抬出宪法来就不对了”。3. 我不自杀，你们批不死我。“我悲观厌世，但我不自杀。我就一种自杀法，吹烟慢慢自杀。”（《张德光日记》）先生的检查显然“避重就轻”，表露出对其批判漫不经心。

4 月 20 日，在校内各民主党派整风会上，再次由文史两系教师联合揭批刘文典先生。众所周知，高校民主党派成员由高级知识分子组成，其中老教师比例占大多数，历次运动中多数人或轻或重均受到冲击。出于自我保护的需要，在揭批刘文典先生时，他们用词之激烈前所未有。九三学社成员方国瑜老教授揭发说：“刘老师的个人主义思想是丑恶的，解放前姜亮夫当文学院院长，请刘先生校补《慈恩法师传》，预支稿费五万元，相当教授一年工资。刘先生贪得务多，又向熊庆来（校长）敲诈稿费。熊找我四次，叫把西南文化研究室印书用纸四十令卖了给刘文典。我不同意，熊说：‘刘文典逼账如逼命，你救救我的命吧’。不得已，我同意借一部分纸给学校救熊的命。刘先生收到钱后交稿了，我吃了一惊，原来是个骗局，刘先生只在书上加了几条眉批，就算著作了。简直是贪污，太恶劣了。思想改造时，刘先生还污蔑我贪污了四十令纸，真无耻。”5 月 2 日，

“上午党支部研究教改工作，本周与中文系配合两次批评刘文典。下午文史两系教师及中文系学生代表听刘文典自我检查。”刘文典先生在经历无数次会议批判后，身心疲惫，一反常态，首次在当天会上违心低头“认错”，甚至人云亦云被迫承认那些莫须有的“罪名”。现仅将张德光记录的刘文典先生所作的长篇检查摘录如下：“一个多月来大家帮助我，最初我很抵触，后来经过思想斗争，我认为大家都是为我好，昨天到观礼台（五一节游行观礼）我没有勇气看工农代表，他们对社会主义有贡献，只有我刘文典除了思想上一包臭脓血外，没有一点贡献……我怀念的是旧社会制度，蒋介石时代那个政治、经济社会。蒋介石对我有什么好处呢？安庆（安徽大学旧址）时他把我关起来，照人情我痛恨他，他是流氓出身我看不起他，他60岁时卢汉（云南省主席）叫我替他做寿序，其实是贺寿……可见我无耻到什么程度。……1950年抗美援朝我作过国变诗。我认为帮兄弟国家的忙，应有个限制，打起来建设不成了。我抵触的事还多。如开会太多了，填表太多了。……我主观唯心论总是太多，学生提意见的方向总是对的，我只有彻底革自己又臭又脏的旧命。……我的问题最严重，我需要改造，我在茅厕里蹲久了，闻不到臭味……中文系宗派我应负全责，别人依仗我他才敢搞的。在九三我也起了很坏的作用，秦瓒争九三主委我和他一唱一和，我是赞成他。反右中，对秦瓒我做了逃兵（未揭批秦瓒）。……我在上海租界一带长大，都喜欢古今中外一切黄色的东西，生活作风坏至极点，我很下流的想法是对待女艺人（先生酷爱京剧）……台上小生画画我不要，花旦画个画我就要……我对教学是庸俗观点，我说你们（共产党）既要古典文学，就要借重我，这与右派分子三顾茅庐礼贤下士有何区别。其实我掌握的材料也只一点点，向党讨价还价这种想法卑劣不堪。我以不备课自豪，我备了40年的课嘛！后来备了，目的是讲别人讲不出来的东西。……我是为自己教书，我没有管着学生。讲浅了怕人笑我，我只面对自己完全是政治立场观点不对。我对社会主义教育不热爱。我对马列主义文艺理论丝毫不知道，看一点也是断章取义，作为自己的挡箭牌。……现在我感到自己非常空，我全错了。破是破了，立什么呢！”（《张德光日记》）

6月11日晚，在党委研究运动的会上，李书成书记作了十点讲话，其中第七点指出：“要掌握分寸，思想行动上必须一致，挑出重点必须有代表性……刘文典必须反复批判。”（《张德光日记》）6月15日党委会上，李书成书记在安排各系各部门作运动小结中谈道：“重点批判，国宝专权孤立了，承认了反动立场思想，威风打垮了，刘文典、方国瑜两个堡垒垮了。”（《张德光日记》）到此，对刘文典先生的批判总算告一段落。

“堡垒”攻克下来了，刘文典的生命随之也走到了尽头。1958年7月14日深夜，先生在家突感头痛，不一会儿昏迷不省人事，云大校医及昆明医学院附属医院专家及时赶到，诊断先生系脑溢血，抢救无效，于7月15日下午5时过世。张德光在当天日记中记道：“杨副校长通知与刘尧民研究刘文典后事。刘太太坚持不火化，要装棺运回安徽去，狐死首丘恐办不到。”“狐死首丘”一语，意指远出的狐狸，临死时还面朝故土首丘。一代国学大师忽然逝去，在当时“左”的政治环境中，头几天云大党委也不知道怎么处理为恰当。既没发讣告，也没作追悼会安排。直到全国政协接先生夫人张秋华女士电报后，给云南大学发来唁电对先生逝世表示慰问（先生为全国政协委员）。云大党委才急忙和省政协、省九三学社云南分社筹委会（先生为该社筹委会委员）共同协商，于7月23日由三家联合在云大大礼堂为先生举办追悼会。追悼会自始至终简单冷清，能容纳数千人的大礼堂到会者仅100多人。云大党委书记和校长未参加，仅派杨黎原副校长到追悼会场。中文系未送花圈，系主任也未参加追悼会。追悼会由省政协副主席白小松先生（曾任云南大学教授）致简短悼词后草草收场。

1960 年 6 月 22 日张为骐教授谈及此事还愤愤不平地对张德光说："交心运动中把刘文典一棍子打死，把人整死了还不罢休。叔雅先生追悼会，中文系居然不送花圈，历史系送了花圈，因为你是系主任嘛。"（《张德光日记》）1962 年 8 月 24 日，张德光与周新民（民盟元老，代表民盟中央到民盟云南省委视察）在昆明白鱼口疗养院散步时，周新民谈道："你知道刘文典在云大的情况吗？交心运动对他批判过火，那么大年纪，而且又有病，也不照顾一下。死了对他很冷淡，他爱人回到安徽生活有困难，这些事传出去很不好。其实刘文典这个人很有风格，在安徽时蒋介石拍桌子骂他，他也拍桌子，这就很难得……"（《张德光日记》）刘文典先生之独子刘平章先生与本文作者可称世交兄弟，一次悲愤地对我说："老弟，父亲去世，我从成都工学院（时为该院学生）赶回来办理父亲丧事才知，在 4 月份一次批判会后父亲在回家路上吐了几口血，吴进仁（中文系教师，先生的得意弟子）陪父亲到医院检查，确诊患肺癌晚期。父亲再三叮嘱吴进仁不要告诉学校，也不要告诉母亲和我。我不知父亲当时是怎么想的，如他把病情告诉学校完全可住院治疗，也可暂时回避对他的无情批判。一向刚强固执的父亲，在生命即将走到尽头时为什么拒绝治病呢？又为什么平生第一次违心忍辱地作自我批判呢？我想，父亲已饱尝政治斗争的无情和人性的冷漠，已对自己的政治生命不再抱任何希望。当一个老人的命运走到如此可悲的境地，面对那些是是非非的批判及人格的侮辱不免心灰意冷，否则他绝不会在检查中忍辱自污，也不会在病危之际讳疾忌医并向学校和家人隐瞒病情。一个病入膏肓的老人，在精神上受到无情打击必会引发脑溢血加速了他的死亡。"

刘文典先生逝世，是"左"的错误所引发的悲剧。1962 年开始对过去历次运动无情批判老知识分子的错误做法进行甄别，6 月 10 日云南大学党委召开团结大会，部分老教师在会上谈及刘文典先生被错误批判一事，纷纷为之不平。中文系教授张为骐在会上说："我还想提出刘叔雅（刘文典）先生来。刘先生的死，也是死得冤枉的，他交心交出一首诗来，他不说，谁也不知道，他一说是反动，就抓住他这一点来整，整到晚上四五点钟，他支持不住，就只好睡在中文系沙发上。他不死，他说过五年内要拿出两部书来，一部是校勘方面的，一部是《论〈文心雕龙〉》，由他、我同吴进仁来搞。他不死，不是可以著出两部书来了，那是多大的贡献。"体育教研室教授杨元坤说："在运动中，把刘文典当成权威来打……这使老教师感到寒心……（摘自云大党委办公室《情况反映》第 208 期，1962 年 6 月 23 日）直到 1978 年党的十一届三中全会召开，纠正了"左"的错误，迎来了知识分子的春天。那些和刘文典先生一样，因有骨气而在历次运动中遭不白之冤的"国宝"级大师们，终于洗刷干净泼到他们身上的污泥浊水，还原了真实的自我。

（本文原稿由刘平章先生提供，征得作者同意有部分增删）

第二辑 学林述往

参加陈独秀先生葬仪感言①

高语罕

我们晓得一个思想家或一个文学家，若果要在他的生活奋斗的过程中，使他的学术上的创作和他的辉煌灿烂的人格保持着绝对的和谐，就必需具有一种为真理而牺牲的坚定意志和勇敢精神，而这种精神与意志之表现，第一是耐得穷，吃得苦。三十年前，独秀先生一肩行李一把雨伞，足迹遍江淮南北，到处去物色革命的同志，以为推翻清朝，建立民国的准备。先生的一位老朋友汪孟邹先生在芜湖开设书店，暗与革命党人交通，一天，先生一手提着行李，一手拿着雨伞到了那里，汪先生说："我这里每天吃两顿粥，清苦得很！"先生很平淡地答道："就吃两顿粥，好！"他于是就住下去，每天在书店楼上编辑《安徽白话

---

① 作者早年参加革命，曾任安徽青年军秘书长，与陈独秀过从甚密，并参与料理其后事。1948 年因病逝世。

报》,[①] 宣传革命，这是光绪卅年的事。到了二次革命（反袁）失败，柏烈武先生退出安庆，独秀先生因避居上海法租界渔阳里编辑他的初期的《青年》杂志（《新青年》的前身），仍然是每天两顿粥，他始终没有向朋友告贷过，在取兴之间，十分严谨。第二，是把先生看得很淡。曾记得二次革命失败，先生从安庆逃到芜湖，被芜湖驻防军人逮捕。这位军人本是和柏公同立在反袁旗帜之下的，不知因何事与柏不谐，而迁怒于先生，已经出了布告，要枪决先生，先生很从容地催促道："要枪决，就快点罢!"旋经刘叔雅、范鸿偃、张子刚三先生极力营救得免。后在上海被国民党政府逮捕，押解南京，先生在京沪车中，酣睡达旦，若平居无事者然，其临难之从容不迫，而怡然处之，往往如此。必须认识独秀先生这种为人的精神，才可以了解他的整个的人格和他在中国文化史上所留给我们的遗产怎样一种价值。最后，我要郑重说一句：

我们绝对不愿夸张。

（辑自重庆 1942 年 6 月 4 日《大公报》，有删节）

---

① 编者注：应为"《安徽俗话报》"。

听刘文典谈二次革命[①]

王善生

1912年民国纪元开始，袁世凯盗窃国统。次年国民党人反袁革命失败，惨遭屠杀，少数魁首流亡海外。1914年孙中山在东京改组国民党为中华革命党后，党人纷纷返回上海组织地下活动，以图重燃起义星火。杨沧白（庶堪）系辛亥四川首先反清建国的元勋，但开风气，功成不居，其道德文章，不特西南志士推为领袖，中山先生亦倚畀甚殷。斯时归聚上海之地下革命小组，以陈英士为组长，而杨沧白则其顾问也。蒋介石此时追随英士甚密，对杨沧白则礼敬为师，常求杨教学英语。继又进呈金兰谱一份，求与沧白先生结义为弟兄，先生笑而纳之，未置可否。不久，蒋携一仆从，投宿杨寓，请容短期下榻。蒋恒早出晚归。一日杨蒋俱外出，蒋仆收拾房间，失手将古瓷花瓶落地打碎。杨夫人闻而责咕曰，杨先生室狭，

① 题目系编者所拟。

书物零乱，已无从位置，仅此一书房，那容上客局促其间，我真难为作此主人也。当夜蒋归，其仆似夸辞报之。次晨绝早，即携仆卷被而去。沧白后始察知，颇亦歉仄。但各以事牵，一时未有机会，向蒋解释。以后中山去粤开大元帅府，延沧白就任帅府秘书长。旋又命沧白入京，居间睆直奉间，审时定势。段祺瑞出任北洋执政府，延沧白任部长，沧白拒而不就。中山北上病逝，粤中军政渐由蒋氏。而蒋氏素与沧白不通闻问，沧白从此寂居旧京，时移世易，几于与世相忘矣。1933 年间，余读书清华园，从合肥刘叔雅先生问学。先生视余若群从之列。恒招余夜谈，絮絮话当年从事革命反袁之事。先生云，首先奉中华革命党之命，到上海策划反袁者，是安徽范鸿仙，叔雅先生则范氏之助手也。不幸范氏为袁贼黑手所戕，英士乃亲自到沪深入规划，叔雅先生遂入英士幕，为其绾记。二十年后，沧白流寓旧京，叔雅则任教北大清华，两人文义相赏，莫逆于心，一时勤相过从，叔雅先生为余谈此故事。

（辑自高朴实等主编《巴蜀述闻》，上海书店 1992 年版）

刘文典营救陈独秀[1]

马叙伦

往在北平，中国共产党领袖陈独秀自上海来，住东城脚下福建司胡同刘叔雅家。一日晚饭后，余忽得有捕独秀讯，且期在今晚。自余家至福建司胡同，可十余里，急切无以相告，乃借电话机语沈士远。士远时寓什方院，距叔雅家较近，然无以措词，仓卒语以告前文科学长速离叔雅所，盖不得披露独秀姓名也。时余与士远皆任北京大学教授，而独秀曾任文学院院长[2]。故士远往告独秀，即时逸避。翌晨由李守常乔装乡老，独秀为病者，乘骡车出德胜门离平。

（辑自马叙伦《石屋余渖》，上海建文书店 1948 年版）

① 题目系编者所拟。

② 编者注：应为“文科学长”。

北大感旧录·刘叔雅

周作人

刘叔雅名文典，友人常称之为刘格阑玛，叔雅则自称“狸豆乌”，盖狸刘读或可通，叔与菽通，“尗”字又为豆之象形古文，雅则即是乌鸦的本字。叔雅人甚有趣，面目黧黑，盖昔日曾嗜鸦片，又性喜肉食，及后北大迁移昆明，人称之谓“二云居士”，盖言云腿与云土皆名物，适投其所好也。好吸纸烟，常口衔一支，虽在说话亦粘着唇边，不识其何以能如此，唯进教堂以前始弃之。性滑稽，善谈笑，唯语不择言。自以籍属合肥，对于段祺瑞尤致攻击，往往丑诋及于父母，令人不能记述。北伐成功后曾在芜湖，不知何故触怒蒋介石，被拘数日，时人以此重之。刘叔雅最不喜中医，尝极论之，备极诙谐谿刻之能事，其词云：

“你们攻击中国的庸医，实是大错而特错。在现今的中国，中医是万不可无的。你看有多多少少的遗老遗少和别种的非人生在中国，此辈一日不死，是中国一日之祸害。但是谋杀是违反人道的，而且也谋不胜谋。幸喜他们都是相信国粹的，所以他们的一线死机，全在这班大夫们手里。你们怎好去攻击他们呢?”这是我亲自听到，所以写在一篇说“卖药”的文章里，收在《谈虎集》卷上，写的时日是“十年八月”，可见他讲这话的时候是很早的了。他又批评那时的国会议员道：

“想起这些人来，也着实觉得可怜，不想来怎么的骂他们。这总之还要怪我们自己，假如我们有力量收买了他们，却还要那么胡闹，那么这实在应该重办，捉了来打屁股。可是我们现在既然没有钱给他们，那么这也就只好由得他们自己去卖身去罢了。”

他的说话刻薄由此可见一斑。可是叔雅的长处并不在此，他实是一个国学大家，他的《淮南鸿烈集解》的著书出版已经好久，不知道随后有什么新著，但就是那一部书也足够显示他的学力而有余了。

（辑自周作人《知堂回想录》，安徽教育出版社 2008 年版）

人权与约法

胡适

四月二十日国民政府下了一道保障人权的命令，全文是：

世界各国人权均受法律之保障。当此训政开始，法治基础亟宜确立。凡在中华民国法权管辖之内，无论个人或团体均不得以非法行为侵害他人身体，自由，及财产。违者即依法严行惩办不贷。着行政司法各院通饬一体遵照。此令。

在这个人权被剥夺几乎没有丝毫余剩的时候，忽然有明令保障人权的盛举，我们老百姓自然是喜出望外。但我们欢喜一阵以后，揩揩眼镜，仔细重读这道命令，便不能不感觉大失望。失望之点是：

第一，这道命令认“人权”为“身体，自由，财产”三项，但这三项都没有明确规定。就如“自由”究竟是哪几种自由？又如“财产”究竟受怎样的保障？这都是很重要的缺点。

第二，命令所禁止的只是“个人或团体”，而并不曾提及政府机关。个人或团体固然不得以非法行为侵害他人身体自由及财产，但今日我们最感觉痛苦的是种种政府机关或假借政府与党部的机关侵害人民的身体自由及财产。如今日言论出版自由之受干涉，如各地私人财产之被没收，如近日各地电气工业之被没收，都是以政府机关的名义执行的。四月二十日的命令对于这一方面完全没有给人民什么保障。这岂不是“只许州官放火，不许百姓点灯”吗？

第三，命令中说，“违者即依法严行惩办不贷”，所谓“依法”是依什么法？我们就不知道今日有何种法律可以保障人民的人权。中华民国刑法固然有“妨害自由罪”等章，但种种妨害若以政府或党部名义行之，人民便完全没有保障了。

果然，这道命令颁布不久，上海各报上便发现“反日会的活动是否在此命令范围之内”的讨论。日本文的报纸以为这命令可以包括反日会（改名救国会）的行动；而中文报纸如《时事新报》畏垒先生的社论则以为反日会的行动不受此命令的制裁。

岂但反日会的问题吗？无论什么人，只须贴上“反动分子”“土豪劣绅”“反革命”“共党嫌疑”等等招牌，便都没有人权的保障。身体可以受侮辱，自由可以完全被剥夺，财产可以任意宰割，都不是“非法行为”了。无论什么书报，只须贴上“反动刊物”的字样，都在禁止之列，都不算侵害自由了。无论什么学校，外国人办的只须贴上“文化侵略”字样，中国人办的只须贴上“学阀”“反动势力”等等字样，也就都可以封禁没收，都不算非法侵害了。

我们在这种种方面，有什么保障呢？

我且说一件最近的小事，事体虽小，其中含着的意义却很重要。

三月二十六日上海各报登出一个专电，说上海特别市党部代表陈德征先生在三全大会提出了一个“严厉处置反革命分子案”。此案的大意是责备现有的法院太拘泥证据了，往往使反革命分子容易漏网。陈德征先生提案的办法是：

凡经省党部及特别市党部书面证明为反革命分子者，法院或其他法定之受理机关应以反革命罪处分之。如不服，得上诉。惟上级法院或其他上级法定之受理机关，如得中央党部之书面证明，即当驳斥之。

这就是说，法院对于这种案子，不须审问，只凭党部一纸证明，便须定罪处刑。这岂不是根本否认法制了吗？

我那天看了这个提案，有点忍不住，便写了封信给司法院长王宠惠博士，大意是问他“对于此种提议作何感想”，并且问他“在世界法制史上，不知在哪一世纪、哪一个文明民族曾经有这样一种办法，笔之于书，立为制度的吗？”

我认为这个问题是值得大家注意的，故把信稿送给国闻通信社发表。过了几天，我接得国闻通信社的来信，说：

昨稿已为转送各报，未见刊出，闻已被检查者扣去。兹将原稿奉还。

我不知道我这封信有什么军事上的重要而竟被检查新闻的人扣去。这封信是我亲自负责署名的。我不知道一个公民为什么不可以负责发表对于国家问题的讨论。

但我们对于这种无理的干涉，有什么保障呢？

又如安徽大学的一个学长，因为语言上挺撞了蒋主席，遂被拘禁了多少天。他的家人朋友只能到处奔走求情，决不能到任何法院去控告蒋主席。只能求情而不能控诉，这是人治，不是法治。

又如最近唐山罢市的案子，其起源是因为两益成商号的经理杨润普被当地驻军指为收买枪枝，拘去拷打监禁。据四月二十八日《大公报》的电讯，唐山总商会的代表十二人到一百五十二旅去请求释放，军法官不肯释放。代表等辞出时，正遇兵士提杨润普入内，“时杨之两腿已甚臃肿，并有血迹，周身动转不灵，见代表等则欲哭无泪，语不成声，其凄惨情形，实难尽述。”但总商会及唐山商店八十八家打电报给唐生智，也只能求情而已；求情而无效，也只能相率罢市而已。人权在哪里？法治在哪里？

我写到这里，又看见五月二日的《大公报》，唐山全市罢市的结果，杨润普被释放了。“但因受刑过重，已不能行走，遂以门板抬出，禾回两益成，直赴中华医院医治。”《大公报》记者亲自去访问，他的记载中说：

……见杨润普前后身衣短褂，血迹模糊。衣服均粘于身上，经医生施以手术，始脱下。记者当问被捕后情形，杨答，苦不堪言，曾用旧时惩治盗匪之压杠子，余实不堪其苦。正在疼痛难忍时，压于腿上之木杠忽然折断。旋又易以竹板，周身抽打，移时亦断。时刘连长在旁，主以铁棍代木棍。郑法官恐生意外，未果。此后每讯必打，至今周身是伤。据医生言，杨伤过重，非调养三个月不能复原。

这是人权保障的命令公布后十一日的实事。国民政府诸公对于此事不知作何感想？

我在上文随便举的几件实事，都可以指出人权的保障和法治的确定决不是一纸模糊命令所能办到的。

法治只是要政府官吏的一切行为都不得逾越法律规定的权限。法治只认得法律，不认得人。在法治之下，国民政府的主席与唐山一百五十二旅的军官都同样的不得逾越法律规定的权限。国民政府主席可以随意拘禁公民，一百五十二旅的军官自然也可以随意拘禁拷打商人了。

但是现在中国的政治行为根本上从没有法律规定的权限，人民的权利自由也从没有法律规定的保障。在这种状态之下，说什么保障人权！说什么确立法治基础！

在今日如果真要保障人权，如果真要确立法治基础，第一件应该制定一个中华民国的宪法。至少，至少，也应该制定所谓训政时期的约法。

孙中山先生当日制定《革命方略》时，他把革命建国事业的措施程序分作三个时期：

第一期为军法之治（三年）

第二期为约法之治（六年）……“凡军政府对于人民之权利义务，及人民对于军政府之权利义务，悉规定于约法。军政府与地方议会及人民各循守之。有违法者，负其责任。……”

第三期为宪法之治。

《革命方略》成于丙午年（1906），其后续有修订。至民国八年中山先生作《孙文学说》时，他在第六章里再三申说“过渡时期”的重要，很明白地说“在此时期，行约法之治，以训导民人，实行地方自治。”至民国十二年一月，中山先生作《中国革命史》时，第二时期仍名为“过渡时期”，他对于这个时期特别注意。他说：

> 第二为过渡时期。在此时期内，施行约法（非现行者），建设地方自治，促进民权发达。以一县为自治单位，每县于散兵驱除战事停止之日，立颁约法，以规定人民之权利义务，与革命政府之统治权。以三年为限，三年期满，则由人民选举其县官。……革命政府之对于此自治团体只能照约法规定而行其训政之权。

又过了一年之后，当民国十三年四月中山先生起草《建国大纲》时，建设的程序也分作三个时期，第二期为“训政时期”。但他在《建国大纲》里不曾提起训政时期的“约法”，又不曾提起训政时期的年限，不幸一年之后他就死了，后来的人只读他的《建国大纲》，而不研究这“三期”说的历史，遂以为训政时期可以无限地延长，又可以不用约法之治，这是大错的。

中山先生的《建国大纲》虽没有明说“约法”，但我们研究他民国十三年以前的言论，可以知道他决不会相信统治这样一个大国可以不用一个根本大法的。况且《建国大纲》里遗漏的东西多着哩。如廿一条说“宪法未颁布以前，各院长皆归总统任免”，是训政时期有“总统”，而全篇中不说总统如何产生。又如民国十三年一月国民党第一次代表大会宣言已有“以党为掌握政权之中枢”的话，而是年四月十二中山先生草定《建国大纲》全文廿五条中没有一句话提到一党专政的。这都可见《建国大纲》不过是中山先生一时想到的一个方案，并不是应有尽有的，也不是应无尽无的。《大纲》所有，早已因时势而改动了（如十九条，五院之设立在宪政开始时期，而去年已设立五院了）。《大纲》所无，又何妨因时势的需要而设立呢？

我们今日需要一个约法，需要中山先生说的“规定人民之权利义务与革命政府之统治权”的一个约法。我们要一个约法来规定政府的权限——过此权限，便是“非法行为”。我们要一个约法来规定人民的“身体，自由，及财产”的保障——有侵犯这法定的人权的，无论是一百五十二旅的连长或国民政府的主席，人民都可以控告，都得受法律的制裁。

我们的口号是：

快快制定约法以确定法治基础！

快快制定约法以保障人权！

十八，五，六。

（辑自 1929 年 4 月 10 日《新月》第 2 卷第 2 号，此号实际延期出版）

知难行难

鲁迅

中国向来的老例，做皇帝做牢靠和做倒霉的时候，总要和文人学士扳一下子相好。做牢靠的时候是“偃武修文”，粉饰粉饰；做倒霉的时候是又以为他们真有“治国平天下”的大道，再问问看，要说得直白一点，就是见于《红楼梦》上的所谓“病笃乱投医”了。

当“宣统皇帝”逊位逊到坐得无聊的时候，我们的胡适之博士曾经尽过这样的任务。

见过以后，也奇怪，人们不知怎的先问他们怎样的称呼，博士曰：

“他叫我先生，我叫他皇上。”

那时似乎并不谈什么国家大计，因为这“皇上”后来不过做了几首打油白话诗，终于无聊，而且还落得一个赶出金銮殿。现在可要阔了，听说想到东三省再去做皇帝呢。而在上海，又以“蒋召见胡适之，丁文江”闻：

“南京专电：丁文江、胡适，来京谒蒋，此来系奉蒋召，对大局有所垂询。……”

（十月十四日《申报》）

现在没有人问他怎样的称呼。

为什么呢？因为是知道的，这回是“我称他主席……！”

安徽大学校长刘文典教授，因为不称“主席”而关了好多天，好容易才交保出外，老同乡，旧同事，博士当然是知道的，所以，“我称他主席！”

也没有人问他“垂询”些什么。

为什么呢？因为这也是知道的，是“大局”。而且这“大局”也并无“国民党专政”和“英国式自由”的争论的麻烦，也没有“知难行易”和“知易行难”的争论的麻烦，所以，博士就出来了。

“新月派”的罗隆基博士曰：“根本改组政府，……容纳全国各项人才代表各种政见的政府，……政治的意见，是可以牺牲的，是应该牺牲的。”（《沈阳事件》）

代表各种政见的人才，组成政府，又牺牲掉政治的意见，这种“政府”实在是神妙极了。但“知难行易”竟“垂询”于“知难，行亦不易”，倒也是一个先兆。

（辑自 1931 年 12 月 11 日《十字街头》第一期，署名佩韦，后收入《二心集》）

忆刘叔雅

钱穆

时西南联大旧同事留昆明者仅二人，一为刘文典叔雅，余在北平时为清华同事。住北平城中，乘清华校车赴校上课。有一年，余适与同车。其人有版本癖，在车中常手挟一书阅览，其书必属好版本。而又一手持烟卷，烟屑随吸随长，车行摇动，手中烟屑能不坠。万一坠落书上，烟烬未熄，岂不可戒。然叔雅似漫不在意。后因晚年丧子，神志消沉，不能自解放，家人遂劝以吸鸦片。其后体力稍佳，情意渐平，方力戒不再吸。及南下，又与晤于蒙自。叔雅鸦片旧瘾复发，卒破戒。及至昆明，鸦片瘾日增，又曾去某地土司家处蒙馆，得吸鸦片之最佳品种。又为各地土司撰神道碑墓志铭等，皆以最佳鸦片为酬。云南各地军人旧官僚皆争聘为谀墓文，皆馈鸦片，叔雅遂不能返北平，留教云南大学，日夕卧烟榻上，除上课外绝不出户。闻余去，乃只身徒步来访，闻者皆诧，为积年未有之奇事。时则余尚未到。及余居既定，乃屡访之。窗前一榻，余坐其榻之另一边。每语，必移晷而别。又一人罗膺中，乃北大中文系教授，亦留云大。

有一退休军人，约叔雅、膺中及余三人赴其家度旧岁。其家在昆明湖之南边，已忘其地名。汽车去，共三日，沿途风景佳胜，所至必先为叔雅安排一吸烟处所，余与膺中得畅所游览。有一夕，停宿某县城，其城中有一老伶人，唱旦角，负盛名。已年老，不复登台。是夕，特在县署堂上邀其演唱，听者除叔雅、膺中与余三人外，县中士绅约不过三十人。滇戏在全国各地方戏中，与京戏最相近。余等因在座上批评称道，并盛论京戏与滇戏之异同得失。演唱已毕，余等谈论犹不已。主人乃曰："不意三教授皆深通此道，滇中有老伶工栗成之，有'云南谭鑫培'之誉，彼亦年老退休。待返昆明，当告以三教授乃难得之知音，必强其登台，以供三教授解闷。"

及返昆明，果成议。栗成之每周六之晚必登台，余等三人亦必往。余前在昆明，亦曾看过滇戏一两次，惟未见栗成之。但在茶肆品茗，则必有栗之唱片，常加听赏，及是，始亲睹其登台。犹忆栗之登台第一场，乃为《审头刺汤》。此后每周六，栗出场必择唱辞少、工架多之戏。然栗之一步一坐一颦一叹，实莫不具有甚深工夫，妙得神情，有绝非言语笔墨之所能形容者。每逢其一次登台，余必得一次领悟。实为余再次赴滇一莫大之收获，亦为余生平一番莫大之欣悦也。

后余在香港遇滇人缪云台，闲谈及栗成之。云台大喜曰："栗成之乃我老师，我从之学唱有年，今君亦知爱成之，请为君一唱，亦有成之风味否?"乃屡唱不辍。后在纽约，又与重见于其寓所，情亲如老友。亦为栗成之乃缔此一段因缘。亦交游中一奇遇也。

（辑自钱穆《师友杂忆》，岳麓书社 1986 年版）

刘叔雅

张中行

刘叔雅是民初学术界的知名之士，名文典，因为学术有成就，人都称呼为刘叔雅，表示尊重。他是安徽合肥人，与大政客段祺瑞是同乡，也许由于贵远贱近吧，提到段祺瑞总有些不敬之语。对于早一代也出于合肥的李鸿章，不知道是不是也一视同仁。关于他的情况，《中华民国史资料丛稿·人物传记》第十四辑里有张文勋为他作的传，记经历，评得失，都平实。要点是这几项：一是曾两次往日本，通日语。二是年轻时候有革命朝气。三是二十几岁到北京大学任教，用了不少力量治旧学，写成《淮南鸿烈集解》和《庄子补正》等，受到许多专家推重。四是抗战以后到云南，思想消沉，生活颓废，直到解放以后才回到正路。五是骄傲怪僻，有时不合流俗。

三十年代初，他在清华大学任国文系主任，在北京大学兼课，讲六朝文，我听过一年。他的大名，我早有所知。这少半是来自读他的著作，其中有翻译日本丘浅次郎的《进化与人生》；中文的是他的权威著作《淮南鸿烈集解》。听说他骈体文写得很好，没有见过。大名的多半是来自他的不畏权势。那是 1928 年，他任安徽大学校长，因为学潮事件触怒了老蒋。蒋召见他，说了既无理又无礼的话，据说他不改旧习，伸出手指指着蒋说：“你就是新军阀！”蒋大怒，要枪毙他。幸而有蔡元培先生等全力为他解释，说他有精神不正常的老病，才以立即免职了事。不论什么时代，像这样常人会视为疯了的总是稀有的，这使我不禁想到三国的祢衡。而这位祢衡就在课堂上，一周见一次，于是我怀着好奇的心理注意他的举止言谈。

他偏于消瘦，面黑，一点没有出头露角的神气。上课坐着，讲书，眼很少睁大，总像是沉思，自言自语。现在还有印象的，一次是讲木玄虚《海赋》，多从声音的性质和作用方面发挥，当时觉得确是看得深，说得透。又一次，是泛论不同的韵的不同情调，说五微韵的情调是惆怅，举例，闭着眼睛吟诵：“风压轻云贴水飞，乍晴池馆燕争泥。沈郎憔悴不胜衣。”念完，停一会，像是仍在心里回味，我当时想，他是不是觉得自己就是“沈郎憔悴不胜衣”呢？对于他的见解，同学是尊重的。只是有一次，他表现为明显的言行不一致。不知从哪里说起，他忽然激昂起来，起立，睁大眼睛，说人间的不平等现象使他气愤，举例中有有人坐火车，有人拉车云云。同学听了都惊讶而感动，想到像这样一位神游六朝的人物忽然注意现世问题，真有“烈士暮年，壮心不已”的意味。说完，下课，有些同学由窗口目送他走出校门。一辆旧人力车过来，他坐上去，车夫提起车把向西跑去，原来他正是“有人坐车”的人。

抗战时期，他到云南，一个时期在西南联大任教。我有个表弟倪君在那里上学，回内地之后跟我说，刘叔雅在那里仍然表现为很怪异，许多事在学校传为笑谈。例如有一次跑警报，一位新文学作家，早已很有名，也在联大任教，急着向某个方向走，他看见，正颜厉色地说：“你跑做什么！我跑，因为我炸死了，就不再有人讲《庄子》。”那位作家尊重他是前辈，没还言，躲开他，或者说，“桃之夭夭”了。再是不只一次，他讲书，吴宓（号雨僧）也去听，坐在教室内最后一排。他仍是闭目讲，讲到自己认为独到的体会的时候，总是抬头张目向后排看，问道：“雨僧兄以为何如?”吴宓照例起立，恭恭敬敬，一面点头一面答：“高见甚是，高见甚是。”惹得全场为之暗笑。

1945 年抗战胜利，西南联大合伙散伙，各自回各自的老窝，他因为已经不在联大，就没有跟回来。以后一直留在云南，在云南大学任教。有人说这是因为他舍不得云土（烟土，即鸦片）和云腿（火腿），并由此而获得“二云居士”的雅号，不知确否。这且不管它，我觉得遗憾的是不再听到的他的“甚是”的“高见”，有时难免类似老成凋谢的怅惘。

十几年之后，他就真正凋谢了。我有时想起北京大学的卯字号人物，这小一辈的，刘半农终于 1934 年，享寿四十三；胡适之终于 1962 年，享寿七十一；刘叔雅终于 1958 年，享寿六十七，单就这一点说是中间人物。学术成就呢？很难说。张文勋为他作的传记说，他还想以余年完成《群书斠补》等几种大著作，可惜“出师未捷身先死”。我则认为，他不如降一级，由“子部”转到专搞“集部”，比如说，多谈谈选学、唐诗，就会对更多的读者大有帮助——他作古了；如果健在，听到我这不三不四的意见，恐怕要大喊“小子何知”吧？

（辑自张中行《负暄琐话》，黑龙江人民出版社 1986 年版）

刘教授文典

金克木

刘叔雅（文典）教授的《三馀札记》作为安徽近世古籍重新出版了。我在少年时见到他的书的第一部不是古籍，而是翻译日本人丘浅次郎的《进化论讲话》。书是通俗读物。译文是传统白话文体，一点欧化或日文化的句子都没有，比文言的《天演论》好懂多了。我还听过关于他的一些传闻，也知道他以《淮南鸿烈集解》著名，有胡适作序。后来又有《庄子补正》，由陈寅恪作序。有一次清华大学入学试题中有对联，陈曾因此给他写过一封公开信说明。那时他是中文系主任。当时我们青年人对他的书不如对他的人有兴趣。

他生于 1889 年，曾留学日本，参加同盟会，当过孙中山的秘书，《民立报》的翻译，参加过《新青年》的编辑工作。起先在北京大学教书，后来当安徽大学教授兼校长，不久就被免职。据说这是因为他得罪了蒋介石。那时蒋掌大权不久，想提高声望。这位刘校长“不识抬举”，竟拒绝请蒋到校“训话”，又不肯让师生在蒋参观时“迎送如仪”。那时流传他的一句名言是："大学不是衙门。"这一来，他只好北上到清华园中讲古书，不再露面活动，生活也日益颓唐了。传说他曾住在白云观里读《道藏》，因私自吃荤被道士赶了出来。以后随校南下到昆明西南联大。抗战胜利，他没有北上，转到云南大学。50 年代初，他忽又出面，加入了民主党派九三学社，当了第二届政协委员。1958 年去世。由他的一生可见，尽管一遭挫折就意志消沉，又生活颓废，脾气古怪，但到晚年仍掩不住跟随孙中山和参加新文化运动时的少年豪气。在过去时代的文人学者中，这样的先例并不算少。今日看来的矛盾，当时人并不那么感觉而另有想法。这也是读古书所需要的常识吧？

这部《札记》是五六十年前出版过的。那时他已隐居清华了。书是照旧传统形式的零星考证，从诸子到《文选》。看来不过是古来学者习惯批在线装书"天头"上的资料和意见。例如考《韩非子》的就名为《简端记》。这书不仅纠正或证实前辈，提出新见，而且目光常不仅在字句考证。例如他引《宋史》说，"古人读书固极重标点"，还说他在北京大学讲授陶渊明的《闲情赋》，"俗士不达斯义，颇致诋诃"（这一条很有启发，但其意见今日还可再推进一步）。书中不止一处引欧洲及日本的事和书为证。例如阐发沈括等人说《神女赋》中的"王"字和"玉"字有误，应互换，梦见神女的是宋玉，并引日本人所说古本。又述同善社的历史来源，说这种迷信组织"真国家之隐患，世道之大忧"，应当"诛其人，禁其术"，可见他不是隐士。

学术界的新考证之风，照梁（启超）、胡（适）意见，仿佛是上承乾嘉学派，实际上这是接着道光年间开始的新风气。以政治大事件划界的"近代"和学术思想中的"近世"，二者年代稍有参差。照我看来，近世学术思想应从道光元年（1821 年）算起，经历道、咸、同、光、宣、中华民国到所谓的"中华帝国""洪宪"83 天（1916 年），历六或七朝，正接上《新青年》改名出版（1916年），由此再变。道光二年查禁鸦片。三年起用林则徐。林的朋友龚自珍开创诗文新风格，讲《公羊传》。从此出现今文、古文学派。但这决不是汉代的经学而是清代的重“经世”的学术，是接着汉学、宋学而起的。清代有两个“文达公”。前一个是主编《四库全书》的纪昀（嘉庆时去世），是作总结的，结了清代学术前期。后一个是阮元（道光时去世），可算新时期开山之人。他除印《经解》外，还著《畴人传》，倡天文、数学，并收外国人，是第一部新学术书。他辑古器物及铭文，说价值如“九经”，又重地理等学。从此“经学”扩大，直到后来的章太炎、王国维、陈寅恪。他们都不是乾嘉“小学”的继承人。刘文典也不是。相似的是形式一面。当然乾嘉一脉并没有断。新的已兴起，旧的未灭绝，这是常例。不仅中国，欧洲的“文艺复兴”也是一样。这样看来，“红学”兴起决非偶然，甚至《水经注》引起的争端也可另有一解。这个“近世学术思想”问题，决不是像我这样的浅学之人能在“千字文”中说明白的。妄提鄙见，不知博雅之士以为何如。

（辑自1991年10月12日《光明日报》第5版）

刘文典先生

任继愈

刘文典，字叔雅，安徽人。清华大学教授，早年加入同盟会，在日本东京与孙中山相识，又是章太炎的学生，他的治学路数与章太炎不同，没有走文学训诂的道路。我最先读他的书是《淮南鸿烈集解》和《庄子补正》。陈寅恪为此书作序，说不但可以补前人注解的缺失，还可以恢复《庄子》旧貌。我读过刘先生的书，觉得陈先生的称赞未免过头了。

抗日战争时期，大后方物价飞涨，民不聊生。工薪收入者日子过得十分拮据。闻一多靠治印（刻图章），联大教授在中学教书，借以贴补家用的，大有人在。刘先生的文名早为滇人熟知，在昆明期间，滇省富绅多以请他撰写碑铭、墓志为荣。润笔丰厚，远过教中学，对经济困难的刘先生不失为一种经济生活的重要补充。

我旁听过刘先生讲《庄子》《文选》。刘先生上课时，香烟一支接一支，手指熏成黄褐色，衔着香烟说话很难听得清楚。先生有一爱子约五六岁，上课时跟他同来同去。有时正讲到精彩处，小孩子跑到教室外面捉蝴蝶，刘先生一眼瞥见，不免喊一声“快回来”。如果把刘先生的课一字不漏地记下来，凭空插入这三个字，就无法理解，因为出现得太突兀。

刘先生不修边幅，头发散乱，一件长衫总是皱皱巴巴。他为人直率、纯真，具有庄子的洒脱。有一次雨中，刘先生一个人打着伞慢慢走着，长衫后襟湿透，鞋子沾满泥水。同学黄铖指点说，刘先生像庄子“曳尾于涂中”。

昆明气候温和，号称“四季无寒暑，一雨变成秋”。虽说四季如春，冬季还是比较冷。一般健康人有一件毛衣或一件皮夹克，即可应付一年。刘文典、陈寅恪两位，冬天要穿皮长袍。陈先生和我们研究生同住一所小楼，冬天怕风，窗户缝隙用纸糊得严严的，不准透风。一天，刘先生访问陈，两人互争谁的身体更差，相持不下。刘先生说，我穿了两件皮袍子，可见我的身体更差，自得之色溢于眉宇间。陈寅恪不再争，服输了。

刘先生欣赏称赞南北朝时已提出的关于“诗”的定义，他在黑板上写了“诗缘情而绮靡”，认为超过后人的任何定义。他还讲，文学作品贵在以正写反，以实衬虚，用华丽的词藻写荒凉，以欢快的词藻写悲哀。杜甫《秋兴》八首中就用了这种方法，十分成功。讲晚唐温李诗时，咏牡丹，不用那些常用的香艳纷华字样，把牡丹的神态写活了，非一等手笔办不到。

他还讲，中国古典文学经常利用汉字象形的特点，引发读者的想象，从而增强了读者的想象力。《海赋》中用“髣髴”二字（而不用“仿佛”），好像海怪蓬头乱发在水中出没，可以增加大海的神秘气势。

刘先生平时对学生、对同事，礼貌待人，彬彬有礼。他看到他不喜欢的人，也真当面给人家下不了台。抗日战争初期，中国空军力量小，日本军用飞机经常到昆明轰炸、骚扰。联大北墙外是大片荒山、坟地，听到警报声，师生到校外后山隐蔽。有一次，刘先生躲警报，在后山遇到他平时很不喜欢的一位先生，他当面指责他：“我躲飞机是为了保存中国文化，你怎么也来躲飞机?”那一位先生很有涵养，对刘先生也很尊重，没有和他争辩，换了一个地方，离得他远远的。魏晋时，阮籍用青白眼对待不同的客人，刘先生在这一点上有点近似。

刘文典先生经常讲文学造诣与人格修养不可分，为人与为文是一回事。他驳斥周作人的主张。周作人说，读者读作家的作品，并不必了解作者是什么人。比如吃包子，只要包子做得好吃，不管制作包子的厨师是否强奸过他嫂子（周作人的这段话，我不详其出处，刘文典确是对同学这样讲的）。刘先生接着说，“文学作品是高级精神产品，不同于制作包子。一个强奸过他嫂子的人能做出‘采菊东篱下，悠然见南山’的诗来吗？”

刘先生魏晋风度太多了，太任性了，联大结束迁回北京的那一年（1946），他应云南绅士的邀请，去滇西一个县里为人撰写墓志，对方盛情挽留，请他游山玩水以助文思，一住四个星期。学校对他不按规定上课，长期请假缺课，提出了批评。三校迁回北平时，他没有随同大家北返，留在云南，应聘为云南大学教授。云南大学能请到刘先生，喜出望外，求之不得。从此，我再未见到刘先生。

刘先生精考订，哲学、文学修养也很高。他曾赴云南西部滇缅战线慰劳前线将士。刘先生回来，在课堂上说起在宋希濂军部，即席赋诗祝捷。他吟诵其中的二首。他习惯于叼着香烟讲话，有些字句听不清，有句云：

春风绝塞吹芳草，
落日荒城照大旗。
海外忽传收澳北，
天兵已报过泸西。

刘先生讲，杜甫有“落日照大旗”句，这里古典今用，写出了军营气势。他得意地念了两遍，所以记住了。

（辑自任继愈《念旧企新：任继愈自述》，山西人民出版社 1997 年版）

题《刘文典全集》①

张岱年

回忆三十年代我在清华大学任教时，曾在当时“三院”的教员休息室中遇到刘叔雅（文典）先生，当时已知叔雅先生是著名学者，甚为敬佩。当时刘叔雅先生最著名的著作是《淮南鸿烈集解》。《淮南鸿烈》一书，高诱注夙称精审，但未免过简，而且流传已久的版本又多错讹。叔雅先生总汇了清代以来关于《淮南》的校释，更加订补，撰成《淮南鸿烈集解》，裨益学者良多，受到学术界的欢迎。

抗战胜利之后，又见到刘叔雅先生的《庄子补正》《说苑斠补》，皆简明精确，有裨于读者，这都是我案头常备之书。

近来安徽省古籍整理出版委员会表彰乡贤遗著，将叔雅遗作编为《刘文典全集》，这是值得赞佩的。

张岱年一九九六年春于北京大学

（辑自张岱年致诸伟奇函）

① 题目系诸伟奇先生所拟。

忆刘叔雅先生数事①

吴晓铃

刘叔雅（文典）先生作为校勘学大师和对《庄子》《文选》有着特殊贡献的专家，我在北平是早已闻名的了。闻名而未尝一识荆州。我在北京大学时，先生不复进城兼课，故没能预几席词。那时讲授《庄子》的教授是马夷初（叙伦）先生，选课的学生只有“三人行”，我旁听了一阵子。传闻叔雅先生曾经讲过“普天下真正理解《庄子》的只有两个半人”，但不知夷初先生是叔雅先生之外的那一位，还是半位？

在西南联合大学，我听过叔雅先生讲《庄子》，不是在“破瓦寒窑”式的所谓“新校舍”，而是在大西门里文林街的基督教文林堂，那儿的牧师常常邀请昆明各大学的教授去作学术报告，爱讲什么就讲什么，反对宗教迷信都没关系，倒也开明豁达。叔雅先

① 作者早年就读于燕京大学，后转入北京大学师从胡适、罗常培、魏建功等人。著名古典戏曲和小说研究专家。

生报告中给我印象最深的是解释《庄子》第二十七篇《寓言》里“万物皆种也，以不同形相禅，始卒若环，莫得其伦，是诏‘天均’”的“天均”。他使用了一个西文哲学的用语，说：“‘均’就是Natural balance嘛！”言简意赅，一语中的，不能不使人钦服。现在回味起来，觉得其味无穷。Natural balance岂不就是大家经常长在嘴上的“生态平衡”么！老师宿儒的横通功力，后学者诚难望其项背，不愧被反将赐以“学术权威”之嘉名也。

有一次，叔雅先生谈起那部直到今天还没有彻底平反的冤假错案，未予以恢复名誉的第一部由作家创作的长篇小说《金瓶梅》。他说：“《金瓶梅》是明代中叶的一个北京作家写的。”他所举出的证据，我还记得两条：一个是小说里提到北京正阳门内的兵部洼。一个是小说里把北京郊区出产的特殊“伏地苹果”叫做“虎拉宾”。按：兵部洼见《金瓶梅词话》本第三十三回里西门庆的女婿陈经济唱的小曲［银钱名山坡羊］，虎拉宾亦见同一回陈经济唱的小曲［果子花儿名山坡羊］。叔雅先生并不知道我一直在暗地里考定《金瓶梅》的作者到底是谁[①]，当然他更不会想到那一席话会给我多么大的启发。我还是主张《金瓶梅》的作者是山东省人，并非北京人，因为那两个小曲是作者引用当时的“流行歌曲”，不属于他的创作范围；然而能够证明作者是十分了解北京的，这就不啻提供了一个极为重要的探索作者的线索。1981年到1982年之间，我在日本、美国和加拿大的几所大学里都试图猜过四百年来这部“第一奇书”的作者之谜，总把叔雅先生的卓识首先提出，交代渊源所自。这个信息不知怎么竟传播到了台湾省，那里的“金学”专家魏子云教授在1982年出版的《金瓶梅审探》里说：“视《金瓶梅》中的‘清

① 作者原注：中国科学院文学研究所编写的三卷本《中国文学史》里的《金瓶梅》一节是我执笔的，提出作者为明代嘉靖间山东章邱的李开先的可能性。

河’为燕京者，今已非我一人，对海的研究者，也有人持此说了。”明明指的是我，我很愉快，这对那些不情愿“三通”的人们真是一个“反讽”。饮水不应忘掉掘井人，像叔雅先生这样的前辈先生们都是能够在海阔天空的漫谈里给人在治学方面指明举步的方向的。

上面谈的只是叔雅先生的一个方面，还有另外一个重要的方面尤其不能等闲视之，那便是一个真正的学者的高贵品质。

我初到昆明，叔雅先生见面便问周作人的景况。我答以胡适曾从伦敦以“藏晖居士”的名字给他写了一首八行诗劝他到昆明去，结句说：“天南万里岂不太辛苦？只为智者识得重与轻。”然而自称“苦住老人”的周氏在他的十六句和诗里则以“家中还有些老小”做推脱之语。叔雅先生听了很生气，愤愤地说：“连我这个吸鸦片的‘二云居士’都来了，他读过不少的书，怎么那样不爱惜羽毛呀!”四十多年过去了，言犹在耳。因此，也就不难理解叔雅先生毅然决然地在1943年初应西南联大学生吴子良（显钺）、董大成（葆先）、萧荻（施载宣）等之请，长途跋涉到普洱的磨黑，为他们作张孟希的工作做“挡风墙”，竟致回到昆明以后，西南联合大学不予续聘[1]，而文旆移至云南大学，一直到“大跃进”中鞠躬尽瘁，死而后已。

（辑自《吴晓铃集》第4卷，河北教育出版社2006年版）

---

① 作者原注：范叔平（宁）兄最近告我，叔雅先生去磨黑是在他的休假一年期间，回到昆明，当局以他没有报告销假而未发聘约。

闻雁有感二首寄叔存北平兼讯叔雅①

王星拱

其一

朔风渡江来，林木懔无泽。
严霜森月芒，冻云滋雪脉。
一阳知在屯，群动亦既息。
念彼南征鸿，高骞逌沙碛。
寒空渺如海，四瞩安所泊。
遵此道路长，朝夕苦于役。
宛洛烽烟深，湖湘稻粱瘠。
饮啄叹无定，何以丰羽翮。
遥遥发哀鸣，断续如可绎。
人生多忧患，岁暮情弥迫。
离愁日以漫，哀痛矧未释。
谁能闻此声，玄发不为白？

① 作者系刘文典先生好友，著名教育家、化学家、哲学家，曾任安徽大学、武汉大学、中山大学等校校长。

其二

雨断秋河枯，不见双鲤鱼。
岂无千顷怀，尺素缘以疏。
鸿雁今北来，无问故人书。
故人在何许，燕云天一隅。
此地虽零落，都雅意有余。
贺老齿未豁，念奴颜犹朱。
文史暇豫间，饮歌当可娱。
复简素心人，灯下清言敷。
识意在端倪，乃至天地初。
匪惟怡心性，亦以苏形躯。
宁为饥曼倩，苦作病相如。
刘子明雅才，天禄勤爬梳。
闭户岁月多，忧愤能遣无？

（辑自 1931 年 4 月 1 日《北大学生周刊》第 1 卷第 8 期）

梦同学刘文典（外二首）①

释本际

昔梦君来是魂来（四年前，在中坜圆光寺，台风暴雨之夕，梦君至，有诗纪其事），
今哭君去是死去。
来挟台风暴雨来，
去随雨过风吹去。
生魂力大势亦强，
死魄形亡气微具。
只今存殁既分明，
殁不知时状无据。
生前气不屈元戎（民十七年君长安徽大学，因与奉化谈次龃龉，拍案互詈），
死后心平忘宿怒。
少年文采震淮南（君著《淮南鸿烈（集解）》，在北平时告我云，此作问世太早，恐难传世），

① 编者注：原题为“七月晦，坐夏草山，梦同学刘文典二云居士，殁于古寺，痛哭而寤”。作者俗名龙澄澈，系刘文典安徽公学时同学。1926年前后皈依印光大师，1952年依台北华严莲社南亭法师出家。1968年寂于台北。

鸿烈惊人交口誉。
投老执教居滇池，
二云内学遗名著（闻君晚岁在滇，治佛学造诣甚深，有书行世）。
况君位设觉王宫，
灵识皈依幸有处。
人生梦幻觉来空，
君觉不空生已悟。
妻孥缘尽尚何哀，
青青常伴坟前树。
老友于今是老僧，
西方代请弥陀度。
炎洲故旧颇有人，
愿与商量表永慕。

（辑自台湾“中研院”胡适纪念馆胡适档案，据油印稿整理）

月夜喜得叔雅诗文赋报云南大学

万里滇南雁，飞来片羽书。
云烟开纸满，风月入窗虚。
世乱怜同老，天荒忆旧庐。
何当亲欬唾，执手话乘除？

台风暴雨之夕梦见合肥刘文典同学枕上作心字韵寄云南大学

锦篇落手忆胶湾，逆数前尘十载还。
蕉雨椰风孤岛梦，西滇东海万重山。
死生白日苍天外，来去青枫黑塞间。
顾影老魂梁月隐，不禁禅榻泪潸潸。

（辑自刁抱石编《桐城近代名家诗选》，台湾商务印书馆 1981 年版）

寄怀叔雅北平[1]

杨庶堪

故都文物凋零尽，
独有斯人慰寂寥。
太学旧闻风烈烈，
夜灯闲话雨潇潇。
不堪辽左愁虚莽，
犹作淮南苦篆雕。
遥念西河久离索，
皋比续拥一僧高。[2]

（辑自杨沧白《天隐阁集》，重庆出版社 1991 年版）

① 作者系中国民主革命先驱，辛亥革命先驱，孙中山革命事业重要助手之一。
② 作者原注：君尝从曼殊上人习英吉利文字。

浣溪沙·寄叔雅

顾颉刚

春老馀情未忍寒，一宵梅雨润晴滩，锦缄意腻又辞甘。

仲蔚蓬居人孰识，泉明浊佐酒余酣，古今风义信刘三。[①]

（辑自网络图片）

① 编者注，原文下有款识：叔雅先生惠寄豚油方糖，并索近作，成此教之，此颂撰安。弟顾颉刚。

送别刘叔雅（文典）

谢无量

芝诺先传四本论，[1]
惠施亦有五车书。
持君闳辨行天下，
濠上归来共看鱼。[2]

（辑自《吴宓日记·续编》第2卷，生活·读书·新知三联书店2006年版）

① 作者原注：芝诺 Zeno。
② 作者原注：宓按，典早年在皖，曾从无量受学，故以师称之。

第三辑 薪传有道

夜访刘叔雅先生①

鲲 西

刘叔雅文典先生的名字现在知道的人稍多，原因是陈寅恪先生《金明馆丛稿二编》有《与刘叔雅论国文试题书》及对子“孙行者”对“胡适之”一事，不知谁人写成文，于是引起好事者炒作，一时成为谈助。其实陈先生此文所含的深意即对于当前语文教学也大有启发，惜能深明此意并进以引为指导论证者无有其人。叔雅先生皖籍，与胡适也交往至深。专治《淮南子》《庄子》，并有专著。未去清华之前，曾担任过安徽大学校长，据说一次大会蒋亦在场，刘先生出言不逊被蒋掴了一耳光，那时正是国民党围剿苏区的时候。刘先生作为学者的刚正不阿于此可见一斑。我作为法学院的学生却常去旁听文学院的课程。在清华园时听过平伯先生讲《论语》，到昆明后已离了学校，又特为去听刘先生开的温李课。

① 作者原名王勉，1938年毕业于清华大学。原任上海古籍出版社编审。

刘先生与众不同，假设一堂课是四十五分钟，他顶多正课讲三十分钟，余下多天马行空，无所不谈。而臧否人物占其大半。在大学刘先生最尊崇的是寅恪先生。余人不在话下，但他只是嬉笑怒骂，实际上宅心至厚。在温李课上，我现在所能记忆的是刘先生讲温七言古诗“李娘十五青丝发”那首。刘先生是搞考据的，因此他讲李商隐诗也多就此方面阐述，如考订试题等。刘先生治《庄子》最精，关于此方面传说甚多，如一次他从《太平御览》找到一处可以校订《庄子》，喜极而且自得，特意在清华住宅设宴请诸友好。刘先生又能写一手漂亮的骈俪文，梅月涵校长长校若干年纪念，一篇骈体祝贺文即是刘先生写的。

四十年代后期，我一度与王永兴君（陈先生及门，现在北大任教）同住一处，夜里两人不知怎么忽想起去看刘先生，刘先生住城内，不似联大多数教职员都择居联大近处。数十年前旧事，现在留下最深的印象即我们进屋后刘先生正在卧榻吸烟，刘夫人也在榻的另一边。一间极小的房子，我们侧坐榻旁，这正是极不寻常的情景，以见刘先生对学生怎样不拘礼节。我们来访是想听刘先生讲《红楼梦》，补充一句战时联大读《红楼梦》几成风气。刘先生对《红楼梦》最独到的见解是省亲那节，大观园题匾大多宝玉所拟，“蓼汀花溆”四字是在入园最明显处，贾妃看了这四字便笑说：“花溆二字便好，何必蓼汀？”刘先生以为花溆者形袭人与宝钗。而蓼汀反切林，明指黛玉。意云曹雪芹有意的这一笔，是说明作为贾家最高的元春（她是代表皇室的），其意在于宝钗，而不欲黛玉入主怡红院。刘先生读书精到，独具只眼由此一例可见。我在另外文中已记过此事。但这是那一夜谈话留下最深的印象，其他还有一些。刘先生入滇自号二云居士，指云土与云腿（宣威火腿）。他是烟筒放下，又再点一支香烟。初时刘夫人尚只是歪躺榻上，后来也吞云吐雾起来。我们是两个极恭敬的学生，刘夫人自不把我们当陌生人看待。

1943年学校上层忽发生一个变故，即清华解聘了刘先生。此事在雨僧先生《吴宓日记》第九册有记载。据我所听到的原由是刘先生长期旷课。刘先生确也曾在云南土司家为上客。但解聘的事也正是发生在文学院院长冯芝生先生去美讲学期间。冯先生若在，以冯先生的地位和持重，不会同意发生这样的事。所以积怨者正是乘这样一个空档发难的。雨僧先生日记中只记为此事不平，到处奔走挽救，并未说内在的原因是什么（细读《日记》者可发现此事迹象）。据我所听到是由于在一次课间休息，教授休息室中刘先生直指一位读错了古音的同事，这在学界自然会引起极大的反应。从某种意义上说，这是一种令人难堪的羞辱。由羞辱而积怨，终于导致报复，贤者在所不免。在吴先生日记中后来记载寅恪先生时在桂林并将转去成都就聘燕大，陈先生致函吴先生云已函云大熊及姜推荐刘先生《日记》卷九，页97)。熊指云大熊庆来校长，姜当指亮夫先生。在刘先生方面我想并不怎么介意，再说离清华他也自有去处。艾克尔曼曾在《歌德对话录》中记载歌德指出学术界怎样时时处于激烈竞争中，并因此而产生的相互攻讦也在所难免。

近年刘先生的一些著作也在翻印。而我却保存了一张被用来包花生米的《三馀札记》的零页，书是商务所出，纸是上好的中国纸，留此一页作为纪念。

（辑自鲲西《清华园感旧录》，上海古籍出版社2002年版）

刘文典先生的一堂课①

王彦铭

大约在一九四三年秋，刘文典先生开了一门选修课《元遗山、吴梅村诗》。刘先生是研究《庄子》闻名的专家，开新课自然引起大家极大的兴趣，我也高高兴兴地选了这门课。

可是好事多磨，刘先生一直因事请假。有一天，注册组门口的牌子上忽然出现刘先生上课的通知。时间订在次日晚上，地点在南区 10 号。我如期提前十多分钟就到了，教室里已经有十多个同学，以后又陆续来了几个。过不多久，刘先生也就到来了。先生中等个儿，穿一件半新蓝布长衫，一头也许只是用手指向后稍稍梳理过一下的黑发。容颜清瘦，上唇留着两撇黑黝黝的胡子，端正的鼻梁上架着一副紫檀色玳瑁边眼镜，几乎是不知不觉便进了教室。“长官（同学

① 作者 1941 年考入西南联合大学，后任云南师范大学教授。此文写于 1984 年 4 月 7 日。

们私下这么称呼系主任罗常培先生)”来上课的时候，一切十分正规，敲打钢轨报时的钟声刚一落音，便昂然走进教室，身边总有两三位青年教师伴随着。他那魁梧的身躯，轩昂的器宇，理论逻辑极其严密的讲课，处处给人一种威严的印象。有时虽也讲几句颇有风趣的笑话，笑声轻轻荡漾开去，教室便又回复沉静状态。和罗先生比较起来，刘先生完全是另一种风格。关于他，同学中流传着种种奇闻轶事：说他当安徽大学校长时因侮慢最高当局坐过牢；说他看考卷极不经意，凭印象打分；说他博闻强记，译《弗兰克林自传》不曾查过一次字典；说他眼前的请假是为去墨江给某钜公作碑文。……“假作真时真亦假”，在联大中文系诸位先生中可以说最是神秘莫测的了。他的弟子有的是，那天晚上他却独自信步而来，安详随便，俨若《世说新语》中的魏晋人物。

也许由于上课通知出得过于匆促，到课的人不多，教室显得空荡荡的。先生并不在意，在教桌旁一把“火腿椅”（木椅，右侧有状若整支火腿的扶手，供笔记书写之用）上坐下，点燃一支烟，边抽边讲起来。他说：“《元遗山、吴梅村诗》这个课，是和莘田（罗常培）先生聊天时半开玩笑地应承下来的。”还说：“这两位诗人的诗，尤其是吴梅村诗，老实说，比我高不了几分。”

我听了一时愕然。抗战期间，书籍难得，《梅村家藏稿》不易觅到，但梅村比较流行的几首诗大家都还熟悉。我们饭后有时漫步到校园靠莲花池那头的一个土岗，据说就是陈圆圆梳妆台的遗址。落日残照，荒烟蔓草，丝毫看不出昔日金粉繁华的踪影。“痛哭六军皆缟素，冲冠一怒为红颜”的诗句，萦回心头，不禁有一种苍茫酸楚的感觉。梅村歌行感人之深，一至于此。“羲农去我久，举世少复真”，刘先生坦率的谈话，倒也给我一种“诗人者，不失其赤子之心者也”的感觉。正如我在学校大图书馆翻阅吴宓教授手书诗稿，第一次读到“吴宓苦恋毛彦文，九州人士共惊闻”时的感觉那样。

那天晚上，刘先生反复讲了校勘工作的重要性。每部古籍，都有一个长的两几千年、短的百数十年的历史过程。传抄刊印，错误实在难于避免。看不出问题，曲为解说，就要谬种流传，贻害不浅。搞校勘，须精通文字、声韵之学，具有广博的名物制度及训诂知识，版本、目录之学也得认真研究。他勉励我们，为了发扬祖国文化，要孜孜不倦地做学问。作为例证，谈到他校的《庄子》，后来发现唐人写本，一经对照，若合符节。这番话，概括了先生学术工作的主要经验，讲得直朴、恳切。可惜我那时年轻，喜欢捕捉生活中新鲜有趣的印象，未能体会先生讲话的精义和良苦用心，真正认识其中意蕴，陈寅恪先生所谓“示人以准则”“一匡当世之学风”，实在自己“困而后学”之后。

刘先生讲梅村诗还是相当认真，整晚只讲了“攒青叠翠几何般，玉镜修眉十二环”两句。自然美和体态美有相通处，可以用自然美来形容仕女的美；也可以用仕女顾盼生姿来描绘山水之美。刘先生娓娓而谈，香烟袅袅，把我们引进诗情画意中去了。有时还使人有操觚染翰，参与创作构思的感觉，先生的目光，透过镜片，宁静而深邃。

他越讲兴致越高，临了回答了有人写信提出的问题：“艾灼眉头瓜喷鼻”语出何书？他说，“最早出自《南史·麦铁杖传》”。

待到月亮已经升得很高的时候才下了课，门外公路上杳无人迹，不但没有汽车，连缓缓驶过吱哑发声的木轮牛车也不见了。四周一片寂静，路旁的尤加利树孤寂地站着，微风过处，伸欠着肢体，沙沙发响。月亮清亮，公路的碎石路面仿佛用水洗过一般。我们热情地护送刘先生回去，他很感动，兴致勃勃地吟诵道：

“李白乘舟将欲行，忽闻岸上踏歌声。

桃花潭水深千尺，不及汪伦送我情。”

他那安徽腔的普通话，微微摇曳，有时还带点颤音。

在我的记忆中，《元遗山、吴梅村诗》似乎再也没有上过，那晚的一课也就成为绝响。至于为什么没有继续上，先生晚年有句云：“而今不卖长门赋，会向昆明写洛神”，可从中得到一点消息。

（辑自1984年《云南师范大学学报》哲学社会科学版第3期，根据作者手稿修改）

忆刘文典师二三事①

宋廷琛

抗战前国立清华大学和抗战期中的国立西南联合大学有一位特立独行的教授，就是刘文典（叔雅）老师。他以深研《庄子》和《淮南子》闻名国内，但是有关于他的事迹的记载似乎很少见到过。

民国二十七年（一九三八）春，国立西南联合大学文法学院在云南蒙自恢复上课。蒙自这地方在清末是滇南一个重要商埠；附近个旧产锡甚丰，所以那里有座很宽广幽雅的海关办事处。后来滇越铁路通车，蒙自商业地位一落千丈，海关也就撤销，房子空置多年，正好借给西南联大临时使用。不但房地广阔，而且花木扶疏，实适宜于一个学术机关。

西南联大文法学院教室和图书馆都设在蒙自海关旧址，教授和学生们则赁屋在相隔三、四百码的从前

① 作者系福建永春人，1940年毕业于西南联合大学。后入国民党军统局工作，专任对日伪经济情报工作。

法国商人所建造的歌罗士洋行，在校园和宿舍中隔着一个南湖。我们初到蒙自时，南湖干得像一片足球场，五月份后，雨季来临，湖水盈满，荷花盛开；青山绿野，小桥长堤，风景宜人，真是一个理想的读书环境！

开学选课时，笔者除本系必修科目外，尚余两个学分未作决定，忽然看见课程布告栏上贴有刘叔雅师讲授《文选》一科，当即选修，在该学期短短三个月中叔雅师只能挑选十几篇较短的辞赋来讲解，上课时间是在每星期六下午二时，连讲两小时中间不休息。上课前先由校役提了一壶茶和一个茶碗，外带一根两尺来长竹制的旱烟袋，放在讲桌上，接着老先生就上堂讲授，讲到得意处一边吸着旱烟一边解说文章中的精义。笔者印象最深者有《芜城赋》《海赋》和《月赋》三篇，他老先生讲到兴会得意时，才不理会什么四点钟的下课铃，有时一高兴就讲到五点多钟才勉强结束。当他解说《海赋》时，不但形容大海惊涛骇浪，汹涌如山，而且叫我们特别要注意到讲义上的文字，留神一看，果然满篇文字多半都是水旁的字，叔雅师说姑不论文章好坏，光是看这一篇许多水旁的字，就可令人感到波涛澎湃瀚海无涯，宛如置身海上一般。有一天他老先生才上了半小时的课，讲完了上一课未完的文章，他突然宣布道：今天提早下课改在下星期三（农历五月十五日正值月满之期）晚饭后七时半继续上课。届时在校园内摆下一圈座位，听他老人家坐在中间讲解《月赋》，那是距离人类登陆月球四十多年前的事情，大家想象中的月宫是何等的美丽，所以老先生当着一轮皓月大讲其《月赋》，讲解的精辟和如此别开生面而风趣的讲学，此情此景在笔者一生中还是第一次经历到的。待学期结束后，文法学院也就迁往昆明上课，这种月下花间讲解《月赋》的情景，再也不可能旧梦重温了。

叔雅师是安徽省人，身体虚弱，个性孤僻，落落寡合，不畏权势，心直口快，说话很容易得罪人，所以一生坎坷，终至困顿而死。他既是当代国学大师，当然自视甚高，尤其看不起新文艺作家，举一个例子：民国三十一、二年间，日本飞机时常来空袭昆明，大家一闻警报都疏散到城外田野树林中，有一天他看见新文学家沈从文教授也跑到野外树林中躲避空袭，居然毫不客气地对沈教授说："你何必也来跑警报躲空袭呢！"语气中充满着轻蔑之意。

叔雅师这个孤傲的性格，不但容易得罪人，而且招来许多困难，最后终至侘傺而死。笔者想起从前孔融荐名士祢衡给曹操，因为他看透了曹操有篡夺汉室之心，所以言语顶撞，他不但当面讥讽曹操而且对曹操手下谋士如荀彧、荀攸、郭嘉、程昱以及大将张辽、许褚、李典、乐进辈批评得一文不值，曹操心中虽很气忿，但却不愿背负杀士之名，于是派他做代表去见刘表，刘表也吃不消他的狂傲敬而远之，于是用借刀杀人之计把他荐给了黄祖，黄祖是个鲁莽武夫，酒醉后因为言语顶撞，一怒就把祢衡杀了。叔雅师虽不似祢衡的狂傲，但是名士派的狷介性格是免不了的。他是一位纯粹研究学问的大儒，不知为何有一段时期竟当了安徽大学校长，他哪会有心情去理会那些琐屑的校务行政，所以据说把安徽大学办得很不理想。有次一位虎而冠者到安徽大学演讲，当场对校务提出很不满意的批评，叔雅师的鲠介性格也冒了上来，居然回答道："你是带兵的将官，你的兵带得好不好，我做校长的不能干涉你，我是大学校长，你又有何权力来过问我学校的行政呢？"虎而冠者赫然震怒，当场很给叔雅师下不了台，叔雅师本士可杀不可辱之义，立即辞卸校长职位。不料事隔数年，叔雅师却又当上了安徽省教育厅长①，冤家路窄，狭路相逢，虎而冠者又来到安庆，叔雅师因为职位关系，只好也随众到码头去参加欢迎行列，他特地站得远远地，不料虎而冠者居然还认得叔雅师，就说："那位不是刘文典

① 编者注：此处作者记忆有误，刘文典并未当过安徽教育厅长。

吗?”叔雅师随口应声说道:“刘文典的名字可以这样随便呼唤的吗?”于是又弃官而去,先到广东后来又北上清华任教。以上这些故事笔者早已闻知,所以才特别选修了《文选》得亲謦欬,虽受教时间甚短,但也算得忝列门墙了。

有一天下午笔者和同级钟一均兄,进入蒙自城内,看见叔雅师一人在前面走,突然有一个木匠在街上打老婆,叔雅师居然怒气冲冲地走向前去打了木匠一个耳光,并指着他骂道:“你是畜生,不是人,怎么可以当街打太太呢!”木匠是个粗人,被这位弱不禁风手无缚鸡之力的老先生打了一记耳光,正待发作之时,钟一均兄和笔者怕叔雅师吃亏赶上前去,对木匠加以训斥后即护送叔雅师回校。像这样一位文质彬彬的老先生,路见不平居然义愤填膺,不顾安危挺身出来打抱不平,这正是孟子所谓“虽千万人吾往矣”的精神。

叔雅师除《文选》一课外,还开一课《庄子》,那学期有两位名教授同时讲授庄子:叔雅师是以文学观点来讲解庄子,而冯友兰老师则是以哲学观点来讲解庄子的,当时西南联大集北大、南开、清华三大学名教授于一堂,真是济济多士,漪欤盛哉!

抗战胜利,西南联大结束,未毕业的学生各依志愿分发北归,云南有一位土司请叔雅师代修族谱,执礼甚恭,叔雅师那时染上了阿芙蓉癖好,云南大土既好且廉,居停主人又复供应无缺,自然乐不思蜀,不作归计,就留在云南大学授课了。不料后来昆明易手,供应他的土司首被清算,接着又在云南大学大礼堂开斗争大会要清算叔雅师,他老人家居然准时到场,神色自如,登上讲台,对着要清算他的学生们义正辞严的大大训斥一番,也许因为那些原来准备要清算他的学生们良知发现,或许是由于他身体太过虚弱,所以虽然免了一顿饱打,可是从此不许他再教书。穷教授两袖清风,毫无积蓄,只得到同乡商人店中有一顿没一顿地苟延残喘。著名小说作家魏希文于一九五四年在香港亚洲出版社出版了一本《我永远存在》，书中所描述写的“柳温前”教授似即指刘文典师，文中叙述叔雅师在昆明沦陷前后所遭遇的经过甚详。可能那时叔雅师还在人世，所以才避免提到真名姓。不过亚洲出版社主人张国兴是西南联大的毕业生，在该书的前言中说叔雅师经过疲劳审讯后，在大门口高悬“谢绝访问，静待处决”八个大字，以后的下落便不得而知了。

笔者只上过叔雅师《文选》一课，平时很少接近，所以除了知道叔雅师是安徽省合肥县人，曾留学日本，对我国古典文学有深入的研究外，其生卒年月一概不知。希望在台师长及同学阅及拙文者能尽量加以补充，俾叔雅师的清风亮节能传诸后世，不至湮没。这是笔者心中深所企盼的！

附记：本篇蒙毛子水、李觐高两位老师指正，谨此致谢。

（辑自 1984 年台湾《传记文学》第 44 卷第 4 期）

怀刘叔雅先生[①]

赵捷民

刘文典叔雅先生之名，余早识之于十余年前，幼时放假回家，每以读书为消遣，尝翻余父之遗箧，得《新青年》数册，固旧籍也，但余久闻此书为五四时代之代表刊，乃详读之，即得叔雅先生之译文，读之深感有趣。赴平升学后，曾于某报得阅先生个人之言行，爱国，鲠直，旧学尤佳，时先生已任清华中国文学系教授。

识先生之面，乃晚在南来后，《文选》教室内。余非专学国文者，但亦喜国文，当选修该系课，与该系师生往还，故得常见先生。惜当时因本系与之课程冲突，未选先生之课，只任意旁听焉。但对先生亦稍有认潇洒之态度博学强记及攻击丑恶之精神，固有心人皆当识之也。后先生竟以离校闻！

① 作者1936年入北京大学历史系，后迁往昆明，并入西南联大历史系。

叹先生以耳顺之年，奋斗于此坚苦之时代，竟有人投井下石以细言斜行，陷先生于绝路，可谓忍心也哉！不念先生数十年如一日育才之功，不惜先生之绝学！今人之爱谄谀弃鲠直人才，真相毕露矣！今之青年多言利而眼光短浅以奔走无味之名门！故先生之隐痛，鲜有道及之者！

夫人之正义感及骨气或志气与学续适成正比，学校南迁后，招生学生成问低落，为一普遍现象，但亦难否认其中确有出类拔萃者。曾记某次先生上《文选》课，告诸生《文选》之版本，一女生突曰："先生，是开明活叶国文选么?"先生甚怒，颇有不欲回答意，其程度之低下及无常识虽初级小学生亦不如！忆二年前余任课南菁时，有暇即由乡赶赴来听先生课，见有多人不堪记笔记，目视临座作文抄公，亦可慨也！其自身笔记、学程尚照顾不暇，必能"莫管他人瓦上霜"！先生思及此，当可海量！

先生为"庄子""文选"名家，故在校常开此二课，有时亦讲"温李诗"，盖亦特长也。先生既深懂庄子，必得"齐物论"之真谛，故对人无何思怨[①]，对无知后生，亦当可谅之也。忆先生素不修边幅，某次往校领薪，发薪人不识先生，误为工友，竟申斥之！后知为先生，乃重道歉，并不深责。

先生有一子，现年约十余岁。忆当年不过六七岁耳，每当夕阳在山，常见先生携公子游翠湖，但与常人异，父子共赛掷瓦石于湖中，以示远近，足见此老之天真。

据作者所知，近年来先生有二高足出身北大，一为齐东许骏斋先生，对先生秦文颇有研究，更精庄子。现任教联大。一为古燕（**此处缺若干字**）庄子多年，或对先生之学有所继续，亦略可自慰于晚年耳！

先生之去校也，则可象征学问不及人事之重要。苟能应付人事，替权

---

① 编者注：原文如此，疑为"恩怨"。

贵吹嘘，常送礼物，虽不学无术，位职自可安如泰山，否则必挂冠而去。青年学子以混资格观念者居多，与乡村无知黎民之纳粮草心意正同。汉光武、文文山、史阁部等有知，必含恨于九泉。蔡元培先生在天之灵亦难瞑目也！

往者已矣，来者犹可追。尧舜之世，四海太平，即是因人而无私，天下大同。不汲汲于名利，无谗言以害贤！唐贞观之治，在太宗海量广纳人才，魏征以敌人为谏官，秦琼以危险分子为大将，放怨女三千，死囚四百，天下大治。人不思个人进步，社会安宁则已，否鉴非学唐太宗之作风不可妒贤忌能，非君子之行。结纳个人，必无前途，可不则诸！

（辑自 1943 年 12 月 30 日云南《正义报》）

听刘文典讲《红楼梦》①

张世英

西南联大校门前的一侧，是校本部的内墙，也是同学们最爱聚集的热闹区，各式各样的海报和小广告都贴在这里，联大的几次民主运动也都从这里发端。我刚入联大念一年级时，有一天，从这里路过，见同学们三三两两在一起谈说着，一打听，原来是刘文典当晚在昆北食堂讲《红楼梦》。找海报，真有其事，也不过是两三尺见方的一张破红纸。海报不起眼，却引起了那么多人的关注。离讲前还有半个多小时，昆北食堂挤满了听众，时间越来越近，来的人也越来越多，只好换地方，连换两次，最后总算找到了一个露天大院，安顿了下来。听众焦急地、也静静地等待刘先生出场。一等两等还不见刘先生的身影。有人说：刘文典可能抽大烟还没有下床。有人问：刘文典是不是被蒋介石传召去了？（当时，西南联大很多人都知道刘文典抽大烟和任安徽大学校长期间敢于顶撞蒋介

---

① 作者 1946 年毕业于西南联大哲学系，后历任北京大学哲学系教授、博士生导师。哲学家。此文写于 2012 年 10 月 11 日。

石的逸事)。超过预定开讲时间半个多小时，刘文典总算姗姗而来，嘴里叼着一支纸烟，吞云吐雾，好一会儿一言不发。大家席地而坐，鸦雀无声，静候刘先生开口。我的化学老师著名教授严先生就坐在我身旁，我小声问他："严先生，你怎么也来听《红楼梦》呀?"答曰："我学化学的，怎么就不能来听点《红楼梦》呀?"问得我哑口无言，又觉得他的话很值得玩味。好不容易刘文典开了口，第一句话："啊啊啊！你们各位都是林黛玉、贾宝玉呀?"全场哈哈大笑。严先生早已等得不耐烦，便应声回答说："什么贾宝玉、林黛玉的，都是大混蛋、小混蛋!"其实，他是为了泄愤，骂刘文典的，他的声音很小，估计没有什么人听见。

刘文典接着说的第二句话是："我要讲的，都是别人没有讲过的；别人讲过的，我一概不讲。"我当时只是个一年级新生，丝毫没有觉得他狂妄自大，恃才傲物，只有一片崇敬之心。今天看来，刘文典此话，也值得我们这些学人学习。

刘文典不紧不慢地讲了很长时间，具体内容都不记得了，好像只是就某个词句做详细的考证，对于我个人来讲，当然更是闻所未闻的新鲜东西。印象最深的是，他在讲到《红楼梦》里某些诗词时，便兴致勃勃地摇头晃脑、哼哼唧唧地吟诵一番，说道："写文章也要讲究音韵，讲究节奏，否则，语言干瘪，算什么文章!"(大意) 我当时已感到刘文典的讲演本身就富有诗的意境：他讲演时，往往闭目沉思良久，一言不发，只见他在烟雾中摇摇晃晃，却没有一个人退场。他讲演结束时已经是深夜，还有人围着他不断提问，探讨一些文学、甚至佛学的问题。我初入西南联大，仅从刘文典的这次讲演活动里，就已深深体会到，这里的确是一所春风化雨、弦诵不绝的学术殿堂。

(辑自张世英《张世英回忆录》，中华书局 2013 年版)

回忆刘文典先生①

李埏口述　刘兴育整理

2000年，为编撰《刘文典传闻轶事》一书，我采访了李埏先生。在云大，李埏、张友铭、吴进仁三位老先生与刘文典交往很深，了解的事情很多。当得知我的来意后，李埏先生说道："刘文典有很多之处可写。"其中有两件事，让李先生至今难忘：

一

刘文典先生喜欢通宵达旦地读书著述，常常是鸡鸣时才上床，到第二天下午一两点钟吃早饭，其著作大多是在油灯下完成的。坐的时间长了，起身喝口茶，抽两口烟，又伏案工作，写下了许多名著，如《说苑斠补》等。抗战期间，刘文典过着颠沛流离的生活，他的手稿、著作遭到很大损失。其中一部分被

① 口述者李埏，1943年任教于云南大学。著名历史学家和教育学家，云南大学中国经济史学科创建者，博士生导师。

老鼠啃坏，成为他终身的憾事。

上世纪四十年代初，我当时还是青年教师，十分敬仰刘文典的渊博知识，曾听过刘文典讲授的《校勘学》。抗战期间，刘文典一家为躲避日机空袭，搬到官渡西庄借居在一户农民家中。1944 年的一天，我与张友铭先生相约同去拜访刘文典。

我看到刘先生的书桌上有一本《唐三藏法师传》，是支那内学院的木刻本。这本书上有许多刘先生写的眉批，眉批是用毛笔书写的蝇头小楷，字迹清晰、工整，每页的书头、夹注、脚注都密密麻麻写满了。眉批的内容既有我国前人的书评，也有刘先生搜集英、德、法、日学者对此书的见解，还有刘先生的读书心得。这使我爱不释手，便说道："如果先生暂时不看，能不能借给我？"得到刘先生的同意后，我把书带回学校，有空就阅读，不但看书的内容，还一字不漏看刘先生所注眉批，看不懂的地方记下来，趁先生上课之机当面请教。我愈往下看，愈对刘先生的治学严谨态度肃然起敬，"难怪先生有这么大的成就！原来他在治学上非常严肃认真，一丝不苟，是很少见的。"我也似乎悟出刘先生虽然不修边幅，有时竟将长衫的纽扣扣错；头发长了，理发师不登门，先生就不理发，不注意衣冠修饰，但他治学却极为严谨。

一年后，我想起书中有几个问题还未弄清楚，又去刘先生家借书。此时抗战结束，刘先生迁回城，搬到学校旁边的玉龙堆居住。我说明来意后，刘先生苦笑着说："你不是问过我，'为什么书中还夹着一张用毛笔画的老鼠？'我当时大笑不已。我在乡下点香油灯，灯芯上的油滴了不少在灯盘上，一天夜深人静，我还在油灯下看书，老鼠就爬出来找食物，好像没看见我这个大活人，就爬到油盘里偷吃菜油。当时真想打死它，转念又想老鼠是在讨生活，我读书也是为讨生活，何必打死它呢？让它吃吧！于是我用毛笔为老鼠写生，再将画有老鼠的棉纸放在书中。"我说："哦，想起来了，先生真有好生之德!”刘先生说：“好生之德不行了，我从西庄搬回来，因住房小，就把书装在木箱里。谁料到老鼠钻进去做窝，将书撕得粉碎。那时要把老鼠打死就好了，我不打它，它还来整我，真是可恶之极啊！好多眉批都是我在北京写的，昆明没有那么多参考书。再则我已年老，精力不够了，再注那些眉批是不可能的事，我为之付出的心血完全白费了。”我听了非常惋惜，“要是刘先生能像今天的知识分子那样，有宽敞的住宅、良好的工作环境，那他会为后人留下更多的宝贵财产啊!”

二

1949 年 12 月 10 日即卢汉宣布起义的第二天，被称为“二云居士”（因对“阿芙蓉”即鸦片癖甚，又嗜云南火腿）的国学大师刘先生，打破常规一大早站在学校球场中间。看到我就大声叫我过去，我问：“先生有何见教?”他说：“我郑重地告诉你，从现在起我戒烟了!”刘先生见其他熟悉人也这样说，似乎是在做个人“广告”，让人人都知道刘先生要戒烟了。他真的能把烟戒掉吗？大家还是半信半疑。

说到刘先生抽鸦片，还得从头讲起。1929 年全国掀起抵制日货运动，正在辅仁大学读书的刘先生之子刘成章，因参加抵制日货的卧轨请愿而染上了风寒死去。中年丧子，让先生意志消沉，不能自拔，家人劝其吸鸦片解愁。此次吸烟时间并不长，待到情绪稳定，先生立即就戒掉了鸦片。直到 1938 年到云南后，刘先生鸦片烟瘾才又复发，当地有钱人见先生爱抽鸦片，都投其所好。去某地土司家处蒙馆，得吸鸦片之最佳品。各地军人、旧官僚及土司头人请先生撰写神道碑墓志铭等，皆以最佳鸦片为酬。刘先生任教云大时，除上课外，绝不出户，日夕卧烟榻上，吞云吐雾，这使先生烟瘾越来越大。

这样一个“烟民”，要戒烟，谈何容易！怎不令人怀疑。不过刘先生这次戒烟与前次不同。这次戒烟是在卢汉起义后，云南解放前夕。这对于早年参加同盟会，竭力宣传革命思想，担任孙中山总统府秘书，亦为革命流过血负过伤的刘先生来说，先生是看到了孙中山的夙愿将由共产党实现，中国人民将站起来。压抑在先生心头多年的苦闷、惆怅也就迎刃而解，再也用不着以抽鸦片求得精神上的麻醉。先生随即把家藏的鸦片、烟具统统扔出家门。

戒烟之初是困难的，烟瘾发了，先生就用猛抽香烟、大口喝茶或服戒烟药品的方法，来控制自己的生理反应，还让夫人帮他戒烟。先生走出家门，主动多承担教学任务，还与同事、学生多接触，积极参加各种政治学习，加入了九三学社。这些不仅有利于先生戒烟，也促使他思想发生很大变化，成为一名进步的学者，被选为全国政协第一、二届委员，在全国政协第二届三次全体会议上，还做了热情洋溢的发言。先生还曾向学校党组织表示，争取做一个光荣的共产党员。

先生在 1953 年写的一份思想总结谈道：“解放后，我的精神、身体都很好，国家和个人的前途都是一片光明，所以很乐观。”从先生郑重宣布戒烟的那天起，到 1958 年他去世，整整八年中再未抽过一次。这不仅是刘先生有坚强毅力，更在于他在用戒烟的实际行动来拥护共产党的领导，迎接新中国的到来。

（本文由刘兴育先生提供）

忆刘文典改考卷

张慎口述 刘兴育整理

刘先生是位受人敬仰的国学大师，他在云大讲课时往往是座无虚席，有的学生只能站在门口或趴在窗口上听课。不知为什么却会流传下刘先生批改作业的笑话，说刘先生用脚踢考卷，踢得越远分数就越高。事实恰恰相反，刘先生改卷评分是很认真的。要说他在改卷中与众不同之处，那就是他喜欢有创新意识的学生并给他们高分。

1948 年云大校方委托刘先生替文法学院出当年的国文考卷，刘先生乐意地接受这项工作，并提出考生须用毛笔书写。刘先生出的考卷中有一道论述题，题目是“学然后知不足”，这是一句古训。大多数考生能掌握要领进行论述，但写作方式各不一样。多数人都是平铺直叙地谈自己学习的态度、今后的打算。这样的考卷，刘先生多半给及格分。唯有一份考卷让刘先生格外感兴趣。考生先写出文章的结论，再叙述道理，而结论用三段英文写成。在中文考卷上用英文写文章的结论而且用毛笔书写出来，这无疑新颖。英文的第一段是 I know everything，第二段是 I know something，第三段是 I know nothing。考生往下分段叙述自己三个阶段的学习的态度：他在第一段中讲述了自己从初中考入全省重点高中——云大附中那种自豪的心理。那时云大附中每年的升学率都是全省第一，而且学生享受公费，免缴学费及半费供应食住，还发给一些零用钱，另设有奖学金。因此每年有众多的初中生报考云大附中，只有佼佼者才能进入这所中学。云大附中学生戴着校徽走在马路上总会受到行人的注目。答题的这个考生在刚进云大附中时目中无人，自认为无所不知，自傲自大甚至有些狂妄。因此用英语 I know everything 表示当时对学习的态度。经过一年高中学习，发现比自己强的同学不少。当年给他们二年级学生上课的老师是非常优秀的学者，例如口若悬河、知识丰富的历史学家黄平老师。黄老师讲了许多历史故事，自己闻所未闻，这使他感觉到自己知识面不足。因而用英文 I know something 表示这个阶段的学习态度。进入高三，课程多，高考压力大，更感觉到自己的知识不够，又害怕考不上大学，心里非常空虚。因此用 I know nothing 表示当时的心情。考生用这种方式做题生动、形象、层次清晰。

后来刘先生在给学生讲授破题的技巧时，就举了这个例子，说这个考生是个小聪明，做国文卷子用英文来破题，给了他满分。恰巧这个考生就是我，我当时就在堂下听课，从此刘先生与我相知相识，成为忘年之交，师生感情很好。1956 年我的爱人生小孩，我特意请刘先生取名，刘先生问过小孩的生辰八字后，用大红纸写上他为小孩取的名字。

（本文由刘兴育先生提供）

叔雅先生①

——吴进仁口述 张昌山、张志军等整理——

在我的一生中最难忘怀并且对我影响最大的老师，无疑就是刘文典（字叔雅）先生了。我 20 世纪 40 年代在云南大学文史系读书，曾师从叔雅先生学习《说文解字》，毕业留校后又同在文史系教书，直至先生去世，相交十余年。回首往昔，先生的音容笑貌宛然于心。

初识叔雅先生

第一次见叔雅先生是通过罗庸先生介绍的。1945 年，我考入云大文史系。那时，罗庸先生在云大讲授《中国文学史》。罗庸先生是西南联大的教授，熊庆来校长请他在云大兼课。我听罗先生的课，课后也常请教一些问题，谈得很好。罗庸先生民国九年从北大

① 编者注：本文由刘文典弟子、云南大学中文系教授吴进仁先生口述，张昌山、张志军、刘兴育、刘平章、姚铁军等参与访谈整理。2010 年 5 月 12 日、22 日及其前后数次，在云南大学二院吴进仁先生寓所作访谈，访谈录经吴先生审订。

毕业，是黄侃的学生，也曾听过刘师培、章太炎等先生的课，比叔雅先生要晚些，但他对叔雅先生的文章很推崇。他听说我是安徽人，就说，现在做文学的有一个你大的同乡，你应该去见见他。他说的这个人就是刘文典先生。刘先生是安徽合肥人，我是安徽桐城人。其实，我早就听说过叔雅先生，在中学读书时就听国文老师说过叔雅先生是文学大家，尤以作骈文最为出名，但那时我只知道这个名字，并不知道他是什么地方的人。我就跟罗先生说，我知道刘先生是作骈文的，但我不会作骈文。罗先生鼓励我说，不怕的，你是学生嘛。他还说，刘先生不仅骈文作得好，也做《说文》，学问做得好。叫我一定要去拜望他。那时候，叔雅先生借住在青云路 3 号的二楼，是孙乐斋的寓所。有一天，我刚办完事，罗先生就叫我去见见他。就当时的情况而言，我是不大愿意去的，但又不好推脱，就硬着头皮去了。

一袭半旧青布长衫，寸长头发稍显凌乱，面貌清癯，肤色微黑，戴着黑色圆框眼镜，这就是叔雅先生给我留下的第一印象。那时，我只有 20 来岁，不免有点紧张，就说："先生，学生来了。"可能同是安徽同乡的缘故吧，叔雅先生对我的拜访还是很高兴的，看到我有些紧张，就很随和地跟我聊起家常，什么都谈。我告诉先生，我是桐城的，日本鬼子来了，在家里待不下去了，1938 年的时候就从家里逃难出来。先生又问我读过什么书，我就说读过七年私塾，学过《孟子》《左传》什么的。因为我是桐城人，那时桐城人的启蒙教育就是学古文诗词，我喜欢做一点诗和古文，做的也是散文。对先生来讲，搞骈文才是文学。我的文章他并不喜欢，他说："哎呀，你这还文学呢！"言中之意，不言自明。但他不说桐城文章不好，只说不喜欢。

后来我才听先生跟我说，这里还有一个故事。先生年轻时留学日本，曾师从章太炎先生学《说文解字》。桐城派人马通伯的一篇文章被章太炎先生看到。刘先生就说："这个桐城文!"好像是对桐城文章很不以为然。太炎先生就很不高兴，严肃地批评他说："你怎么能这么说呢，桐城文有桐城文的长处。马先生的这个文章我做不出来。"被太炎先生在大庭广众下批评，先生难过得不得了。他说，恨不得有条地缝钻进去才好。从那以后，他再也不说桐城文章不好，只说他不喜欢桐城文章。他之所以跟我说这件事，可能是因为我桐城文章也没学好，算不上桐城派人吧。

事实上，叔雅先生的古文功底是很深厚的，尤其是先秦文学。我很清楚地记得，当时他问我："《孟子》你能背吗?"我说能背。我记性很好，《孟子》只有三万字，现在还能背诵很多。后来又说起《左传》，《左传》有十八万字，是大书，我当时大约可以背十万字的样子。他就让我背给他听，我背了一大段。他说你背书很快，我就一口气背下去了。他又提了几个地方，我运气好，都能背。先生很高兴，觉得很不错，我说我只会背，不懂什么意思，因为我们那个私塾先生只要求我们要会背，会默写，但是不要求弄懂。一开始我还奇怪，先生是做骈文的，怎么那么熟悉《左传》呢？后来才知道，他是刘师培的学生，他也称刘师培为本师。刘师培一家七代都是搞春秋研究的，刘师培本来希望他能接着搞下去，但他后来要教书又要搞校勘，就没能接上，但先生对《左传》还是很熟的。接着他就跟我谈文学，谈骈文。先生真正的学问是骈文。他认为学骈文主要就是学习《昭明文选》。他说为什么要叫是骈文啊？你看王勃的《滕王阁序》，"落霞与孤鹜齐飞，秋水共长天一色"，每个字都一一对应，平仄押韵，这就是骈文。并打比方说，骈文，就像一条链子，一个环扣着一个环，铿锵作响。他叹息说："现在作骈文的没有人了，你要是喜欢，你就接上。"我说："我不会作骈文，我接不上。"因为桐城派主张学习《左传》《史记》等古文，写文章追求语言雅洁，简明达意，条理清晰。我的启蒙教育就是学习古文，后来做的也是散文。而骈文讲究对仗的工整和声律的铿锵，崇尚华丽的辞藻和修饰。对我来说，就是会背一些文章，根本不晓得怎么去作骈文，我坚决说不行，他就没法子了。后来，我想把骈文补上，就去买关于骈文的书，但是年纪大了，补不上了。现在想起来，很惭愧啊，辜负了先生的一番苦心。就这样，我和刘先生就开始了一段长达十余年亦师亦友的师生情。

亦师亦友刘文典

跟叔雅先生学习让我终身受益的就是他严谨的治学态度和勤恳务实的治学精神。我刚跟他的时候，哪里知道要做学问啊，觉得能做点文言文就行了。他就说，你不能这样想，要好好做做学问。念书呢，你就要认得字，认字就不能不念《说文解字》。那时候，对我来讲，《说文解字》《尔雅》都是天书一样，根本看不懂，更不知道该从哪儿学起。他就给我出了个主意，他说你没有小学功底，不可能直接读懂，这样，你去抄《说文解字》。我就去买了一本《说文解字》，是大徐本（《说文解字》最为通行的版本，徐铉校订，世称大徐本），很厚的四本，上面有篆文。这个篆文不好写，我又怕写得不像，我就想了个办法，拿纸拓在上面描。就这样写了一个星期，拿给他看。他说你写的倒是很认真的。但事实上我抄了也看不懂，就不太想抄了。他就跟我说："《说文解字》有大徐本、小徐本（南唐徐锴的《说文解字系传》，是第一种《说文》注本，世称小徐本），你拿大徐本和小徐本两个对着抄，问题不就显现出来了嘛。"并告诉我大徐本有哪些版本，小徐本有哪些版本。我就又找到《小徐本》，什么版本我记不得了。就这样，我就两个本子对着抄，抄抄这个，再看看那个，发现《大徐本》《小徐本》有些地方是矛盾的，有时同一个字的说法不一样，而且字的排列次序也不一样，于是就发现了很多问题。我就带着这些问题去请教叔雅先生。“这两个字是怎么回事，哪个对啊?”他就说哪个是对的，都有哪些根据，并跟我谈他的心得。就这样我发现叔雅先生《说文解字》的功夫很深。有些问题就这样解决了，有些问题他也没能解决，就让我记下来。接着他又让我看段注《说文解字》，三本对照着看，慢慢解决发现的问题。我发现我看得越多，问题也是越来越多，越来越看不懂了。就这样，《说文解字》算是入门了。可惜后来我没接着搞《说文解字》，现在看到黄侃先生的《说文解字》的著作，就想到叔雅先生。说起《说文解字》，还有一个故事。我毕业后留校任教，教音韵学。现在，“注释”的“注”一般都写“氵”字旁，我也这么写。他说：“如果别人写这个‘注’字的话可以，你写这个‘注’字就不对。”我就问为什么，他说段玉裁《说文解字注》里说过的，要写“註”的这个字，你写那个‘注’就不合适。

先生不仅对《说文》很有研究，对于音韵学、训诂学也很有研究。据他说，这些都是早年跟刘师培学的。我到北京大学进修语言学，那时北大找了很多人在学校开语言学课。王力先生教汉语史也讲音韵学，还有周祖谟先生，几门课我都选了，后来听说季羡林懂梵文，我本来也想去听，但是没听成，时间上和其他课程冲突了。我插进去听课时，我的音韵学基础最差，听了课之后，很多知识弄不懂，我就请同学给我讲，这样搞了两年，就马马虎虎懂一点了。

我从北大进修回来后，主要给学生开音韵学、古代汉语这些课程。有时我跟他谈音韵，先生喜欢的音韵学是上古音，上古音是和《说文解字》有关的。比如说“家”字，我们现在读“jia”，但是顾炎武、江有诰等考证认为应该读“gu”，认为古代是没有麻部的。先生对此有些不同的看法，他说：这个“家”古音应该读 ga，古牙切。[ɑ] 属上古音鱼部，“家”字在《广韵》里属“麻”，韵 [ɑ]。他说，你看小孩子一出世，一哭不是 gu gu gu 的声音，而是 wa wa wa，喊爸爸不是喊 gugu 而是 baba、dada 和

diadia，妈妈也是 mama，都是［a］音，小孩子讲话就是古音。汪荣宝《论歌戈虞模古读考》中也说："唐宋以上，凡歌戈韵之字皆读 a 音，不读 o 音；魏晋以下，凡鱼虞模之字变皆读 a 音，不读 u 音或 ü 音也。"也客观上证明了这一点。

先生的外文很好，我一开始只是听说过他在清华的时候翻译了很多外文著作，真正见到是上他课的时候。有一次，听他讲《慈恩法师传》的课，教室就在云大泽清堂对面的一个小平房，那是我第一次听《慈恩法师传》，当时我坐在第一排，一看黑板上面写了一大堆文字，全是英文、德文，还有梵文，学生都认不得，根本没法抄。我就把他放在讲台上的书拿过来看，发现上面空白处做了很多外文批注，那个字全是蚁头小楷，像蚂蚁那样的，密密麻麻写在边上。这本书李埏先生也看过。

先生不但国学精深，还懂那么多种外文，这让我们很佩服。我们就问他有没有什么"丸药"啊？"丸药"就是简便方法。他说哪里有什么"丸药"，要是有的话，我早就给平章（刘平章，先生次子）吃了。没有灵丹妙药，就是吃苦，要下苦功，要背，要抄，熟能生巧，最笨的方法也是最好的方法。学生就有点不理解，说你是不是有什么方法不告诉我们啊。他就跟我们讲他那时读书是怎么个苦法子。他说，那时候，他父亲到上海做生意，给他买了一本书，就用油纸包起来，揣在怀里，千里迢迢带回来。他说一想起这个事情就觉得不好好读书，就对不起老父亲。并告诉我们，读书没有什么捷径，就是吃苦。这席话，让我终身受益。我认为先生是很会教书的，关键是你要理解他，他叫你干什么，你就干什么，不干就不能怪先生了。我今年都 80 多岁了，还在搞音韵学研究，还在学，没有其他，下苦功罢了。

叔雅先生讲课很有意思，听课者众多。在云大，他还开《杜甫诗研究》《温李诗》等课程。其实，先生不怎么作诗，没怎么下功夫，就那么几首。他喜欢诗人温庭筠、李商隐，他喜欢唐诗，不喜欢宋诗。我喜欢苏东坡的诗，就背苏东坡的诗给他听，他不喜欢。他说苏东坡的诗跟杜甫的诗没法比。杜甫的诗每个字读下来就像一连串的炸弹落地一样，念起来地都震似的；苏东坡的诗读下来就像天女散花一样，看起来很美，但力气不大。杜甫的诗非常深沉，你要不深入进去就没办法体会，有一种说不出来的意境。他告诉我们，念诗不能只看到它的语词好不好，还要看它是否能够入味。他说从内容来看，杜甫和白居易都是一样同情人民痛苦的诗人，但杜甫是杜甫，白居易是白居易，风格是不同的。这个要你自己去体会。有次我陪他出去买香烟，遇到一些清华、北大的老学生，他很高兴。为了方便他们来听课，他就把《温李诗》的课调到星期六的下午。到了周六，北大、清华的老学生就来了，还有其他系的一些学生，很多人来听课，他讲得很高兴，兴之所至，浅吟低唱，陶然其中。学生都觉得他讲得很好。刘先生讲诗的时候就是这样边讲边吟。我到现在还会吟诗。

先生讲课不喜欢照本宣科，往往是结合自己的研究心得，旁征博引，对学生循循诱导。有一次给大家讲李商隐的诗，他讲到“石乱知泉咽，苔荒任径斜”这两句，就说你们看看这两句，再看看王维“泉声咽危石，日色冷青松”这两句，虽然描写的场景近似，但是用词却各有不同，王维用词是不是要好一些。所以，作诗对于字词的使用是很有讲究的。你们看《红楼梦》中林黛玉给香菱讲诗那一段，林黛玉讲“大漠孤烟直，长河落日圆”这两句。香菱就觉得“烟怎么是直的？落日本来就是圆的。这‘直’字用的有些无理，‘圆’字也有点俗。”后来，体会得深了，学得不错了，香菱就跟林黛玉说：“诗的好处，有口里说不出来的意思，想去却是逼真的。有似乎无理的，想去竟是有理有情的。”先生是要让大家明白：学诗，不但要懂得意思，还要体验和揣摩诗的意境。

先生讲课也不是没有问题。他讲课没有计划性，往往是想到什么就讲什么。李埏先生说这点他跟陈寅恪先生很像。陈先生上课就说别人讲过的我不讲，以前我讲过的我也不讲，我就讲我现在的。就比如说讲《庄子》，一般来说可能就是讲庄子是什么地方的人，《庄子》有哪几种版本。叔雅先生不这么讲，他认为给大学生讲这些没什么价值，课下自己就可以去查。所以，庄子是什么样的人他不说，他一上来就说哪一条我认为怎么样，就讲他的研究心得。所以听他课的一些学生就有意见，就是因为他没计划，哪天讲什么不知道，没办法预习功课。

刘文典与古籍校勘

我在北大进修的时候，曾听周祖谟这些老先生说，叔雅先生学术成就最高度是在北京大学任教那段时期。这一时期，先生最大的成就无疑就是《淮南鸿烈集解》。

1917 年，先生经陈独秀介绍进入北京大学教书。那时北京大学人才太多了，尤其是国学方面，辜鸿铭在北大，刘师培、黄侃都在北大，都是些了不起的人。他在北大讲授《文选》和《先秦诸子》，但没什么专著。这个时候他还在《新青年》搞英文翻译，但在当时的北大，翻译算不上厚重的学问。当时他学问虽好，课也讲得不错，却得不到同事认可，夹在里面很尴尬。一个 20 多岁的洋学生，就算你是刘师培、章太炎的学生又怎么样，光老师好不行，你自己要搞出点名堂来。他跟我说他刚进北大时，还是个毛头小子，才 20 多岁，同事中的那些人都是什么人啊，像辜鸿铭，脾气很古怪，拖个辫子，不像个样子。有人就跟蔡元培先生反映，蔡先生就说："其他的不管，只要听他讲课就行了。"那时，辜鸿铭有一个大烟袋，他年纪大，刘先生是给他点过洋火的。辜先生就问他是教什么的，他说教汉文。辜先生就说："你看看你！"意思是说你一个毛头小子还能教汉文，那是高深得很的，像我只能教些英语的文章。好像他对刘先生有点看不起。由此可见，要在北大有立足之地，难度可想而知。而辜鸿铭的奚落也让先生下决心要做出点成就来。

此前搞的有《三馀札记》，是讲《文选》《先秦诸子》时备课的讲稿和读书笔记，一条一条的不成书，这个不行。所以，先生就决定要下苦功搞出点成果，认认真真地校好一部书。经过比较，他选定先秦诸子作为校勘的主攻方向，而且一出手就是比较难弄的《淮南子》，所以叔雅先生真正搞起古籍校勘是从《淮南子》开始的。他就找傅增湘先生帮助搞《淮南子》，为什么找傅增湘先生呢？这里有一个缘故，叔雅先生念书有个特点，就是很讲究版本，这是受刘师培、章太炎先生治学的影响。“只要刘叔雅教授看的书都是好版本，不是好版本他不看。”钱穆先生如是说。事实如此，即使在生活很困难的情况下，只要发现好版本的书，哪怕借钱，他都要买到手中。我看过他手中收藏的方苞的手稿，有四个夹子，就是通过傅增湘先生介绍花了200块大洋买的。傅增湘先生是著名的藏书家，也是版本学家。藏书很多，而且版本也好。先生说：“没有傅先生不行，因为好多版本找不到。”傅先生借书给他看，并且把《淮南子》的好多种版本都找来了，《永乐大典》原本都给他看过。还有像王念孙的手稿他也看过。所以他对傅先生很感激，说傅先生是他的版本学老师。他还爱抄笔记，搞校勘更是亲力亲为，抄了很多东西，像《文选》《太平御览》《治要》《道藏》等书中凡引及《淮南子》原文或许（许慎）、高（高诱）旧注者，一字一句，都一一抄录。有人说先生是道家，其实不然，他是杂家。先生博览群书，而融会贯通应用于治学。

费时一年多，终成《淮南鸿烈集解》，他就请胡适用文言文给他作一篇序。胡适不同意。那时，胡适正倡导白话文，很久以来就不用文言文了。结果他俩就商议：可以用标点，但是必须用文言文。于是胡适就破例给他用文言文做了序，并给了很高的赞誉。因为胡适很多年就不做文言文了，所以他觉得很珍贵，就把这个原稿一直留着，带到云南来了。我看过，白底红线条的毛边纸，胡适的字写得还是很不错的。他跟我讲："这个书出来了，我就有点小名气了。"确实，从此叔雅先生在国学界崭露头角，树立了名声。就连国学大师梁启超对叔雅先生的《淮南鸿烈集解》也是赞誉有加。至今为止，《淮南子》研究也没有能够超越先生《淮南鸿烈集解》的。

说起来，为了搞《淮南鸿烈集解》，先生是下了苦功的，吃了很大的苦。他不止一次慨叹说："搞这个太苦了，如果我再这样搞的话，我现在就死了。"他还跟我开过一句玩笑说："跟你师母分开了，住在那样的房子里，太苦了，没办法，不干又不行。"他给我看过照片，那个房子是一个格子门，不大。这边是刘师母带着平章①住一个房间，那边用木板隔了一间给他做学问。为了校勘《淮南子》，他晚上要睡着搞，一想到一个问题，马上就起来了，这样搞了一年多才完成。一想到这书，刘师母就说："搞这个书，很可怜的。别人只知道这个书搞得不错，不知道多辛苦，病了好几次。"

说到搞《庄子补正》，大概是这样一个情况。当时日本人搞《庄子》，他说作为一个中国人，我要搞《庄子》，好好搞。费十数年之功，终成十卷《庄子补正》之作。很多北大的老学生说如果叔雅先生留在北大不到清华去的话，他学问还可以往上走。他到清华后在学术上已经开始走下坡路了。在云大任教时，他曾和我说在云南应该搞少数民族语言研究。遗憾之情，溢于言表。

我以为叔雅先生之所以古籍校勘搞得好，主要有这么几个原因：第一，先生小学功底很深。因为做校勘，音韵、文字、训诂就都来了。先生早年跟刘师培学习《文选》《说文》，也学了一些音韵、文字、训诂的学问。后来到

---

① 编者注：应为"成章"。

日本以后，跟章太炎先生学习《说文解字》。章先生的音韵研究是上古的，而先生研究的也是先秦两汉的，有很深的基础。通过跟章先生学习顾炎武的《音学五书》、段玉裁的《说文解字注》、王念孙的《广雅疏证》，这些是小学的基本书籍，积累了深厚的小学功底。第二，先生运用王念孙的那一套方法并吸收了国外的一些知识来指导古籍校勘。先生最佩服的就是王念孙、王引之父子，说他们才是真正的校勘家。王氏父子继承汉儒实事求是的学风，打破门户的界限，讲求有本之学，注重佐证。他曾跟我开玩笑说如果能挑到王念孙一根刺，就请我吃一顿饭。可知先生对王念孙严谨治学之风的敬佩。先生在校勘中受他们的影响最大。在校勘古籍时对书中文字谬讹、句读错乱、音训异同一一加以考辨，并特别注重资料的收集和证据的罗列，不拘一家之言，在平时阅读中看到有用的知识就摘抄下来，加以佐证。无信不征，孤证不立，是先生校勘的治学准则。第三，先生读书特别注重版本。版本的好坏对于校勘很重要。他跟我说俞平伯先生祖父俞樾先生在校勘时不太注意版本的问题，结果他校了半天，费了很多时间，好的版本找到后才发现原来这个字是不需要校对的。确实是这样，我留校后，方国瑜先生让我搞《韵略易通》，我花了好几年时间，云大没有好版本，要到北大去才行，北大有好几种版本，没有好版本就无法做出来。所以他很佩服傅增湘先生。刘先生也有很多藏书，也有很多好本子，后来都被日本人搞去了。刘先生转到清华教书后，还在北京大学兼课，一方面可以多挣点钱，另一方面就是因为北大书多，在北大教书才可以借书看。

李埏先生曾说："先生不是音韵学家，不是文字学家，也不是训诂学家，但他是校勘家。"我也认为他很够格。

古籍校勘的成就，让先生在国学研究上树立了盛名。我看到现在的报道上给先生冠以"国宝"、"国学大师"这样的称呼。现在人们动不动就说什么国宝、国学大师的，我觉得这样很不好。不需说，叔雅先生国学功底深厚，学问也做得好，他对自身学术成就也很骄傲，但他并不以国学大师自居。说到国宝这个称呼，我记得这样一件事情。在1958年的时候，学生写大字报。上面有一张漫画，纸上画一个垃圾箱，下面写着刘先生的名字，旁边一个年轻人，就是我了，从垃圾箱中捡出东西，一边捡一边说："这是宝贝。"我还和先生引为笑谈，没听谁说他是国宝。我也不知道有"国学大师"这个称呼。如果让我说，我只知道他是个名教授，就是这样。

刘文典往来琐记

刘文典和陈寅恪

要说叔雅先生佩服的人，肯定是陈寅恪了。陈寅恪也是先生交往比较多的人。他曾说当代他最佩服的人只有陈寅恪一个。我在报纸上看到说刘先生曾讲过"陈寅恪拿400块，我只能拿40块，沈从文只能拿4块"这样的话。我不晓得这个事情，我只记得他跟我说起陈寅恪的时候，将陈寅恪比作大拇指，而以小指头自比，可见先生对陈寅恪的佩服。

叔雅先生是1929年从北京大学转入清华大学的，到清华后不久，由于朱自清休假去美国，就安排叔雅先生代理中文系系主任一职。用先生自己的话讲就是："他们让我当个小官。"也是当这个小官，让先生做了一件终生得意的事情，就是请陈寅恪先生到中文系教书。当时陈寅恪先生在历史系教课，有次考试，先生就请陈寅恪先生代为出题，陈先生出了个题目就是《梦游清华园记》，还有两个对子，其中一个就是传为佳话的"孙行者"了。此后，他就请陈寅恪先生到中文系兼课，叔雅先生对此很是得意，在开会的时候就说："你们没有本事把陈寅恪请来，只有我有这个本事。他给我的面子才来给学生教元白刘诗研究。"能把陈寅恪请到中文系教书，也被先生看作平生快事。

后来，陈寅恪先生在清华致力于佛经翻译并给学生开《佛经翻译》等相关课程。刘先生也曾想做这方面研究，还曾到北京香山碧云寺翻阅过佛经。刘先生通晓英、德、日等语言，但是他的梵文不是很好，就没有搞成。陈寅恪先生不仅国学学问如渊似海，而且通晓英、日、法、德等西方语言，还通晓满、藏、突厥、西夏、梵文等语言，尤为精通梵文和巴利文。所以先生对陈寅恪是佩服得很，说他不仅懂得中国道理而且他的外文尤其好。他也跟我说一个人起码要会两门外语。

刘先生的《庄子补正》一书完成之后，不肯轻易誉人的陈寅恪先生为此书作序，并将年迈生病的老父亲请出来为此书题写书名。不久，由于日本侵华战争全面爆发，陈三立老先生愤而绝食致死，“庄子补正”这几个字也是陈三立的绝笔。

刘文典和冯友兰

我第一次见冯友兰先生是在叔雅先生的寓所。因为冯友兰先生跟叔雅先生的关系很不错，对先生的文章也很推崇，所以冯先生就请叔雅先生为他的母亲写墓志铭。我看过这个文章，当时做这个文章很费心思，有时候一天只写一两句。有一天，冯友兰和冯景兰兄弟二人来了，还提了一些东西作为谢礼，是在孙家，我在场，天达师叔也就是叔雅先生的六弟也在。那天，天达穿的是西服，但是上身只穿了一件背心，先生就让他把上衣穿起来，说这样很不礼貌。冯友兰和冯景兰很感激叔雅先生。冯友兰说现在文学就是叔雅了。先生很高兴。两个人谈得也很投机，叔雅先生是搞《庄子》校勘的，冯先生也搞《庄子》研究。但是两人研究的角度不一样，叔雅先生搞校勘研究，哪个字错了都有很多道理，冯先生是从哲学的角度作研究。我记得二人谈庄子的一些问题。叔雅先生说：“‘昔者庄周梦蝴蝶，栩栩然蝴蝶也，自喻适志与’”中‘自喻适志与’这五个字隔断文义，仔细阅读语意，应该是后人考证《庄子》时插入正文中的。”又说庖丁解牛中始臣之解牛之时，所见无非全牛者。三年之后，未尝见全牛也。“全”字应为“生”字的误写。叔雅先生举了很多证据，冯先生很是折服。如今，台湾陈鼓应教授所著《庄子今注今释》也证明先生的考据是有道理的。

刘文典和陶光

陶光在清华时就是先生的弟子，曾在重庆南开中学教书，后又辗转来到云大。我跟陶光先生不是很熟悉，在我印象中，陶光的字写得不错。云大出版的石印本《庄子补正》就是他题的书名。先生还曾让他给平章写了几个字，我记得是“诗经”中的两句“中心藏之，何日忘之”，就写在冯友兰先生送的那个本子上。陶光的诗作得可以，词曲也不错，能唱昆曲，也会吹笛子。陶光爱看戏，经常邀约先生一起看滇戏。但是先生不许我去看，他说：“他是学生，不要拉他去看戏。”他认为学生应该做些正经事情，看戏之类的事情不要做。之后陶光就喜欢上了滇戏演员耐梅（张竹音），但是陶光的叔叔不同意。不久他们就结婚了，是在昆明商务酒店，我陪刘先生去参加婚礼。结婚后，他在云大待不下去了，就到了昆明师院。先生很惋惜地说：“我没办法，你跑到师院去了，我没有理说了，我不说了。”

陶光曾跟随先生搞校勘，但是陶光的小学功夫不太深。记得陶光先生校勘《列子》，就讲这个说，那个说。先生批评过，我听到的。先生批评他说：“校勘就是校勘，不要东拉西扯的，拿证据出来。”他讲“才子是才子，学者是学者”，学者就要拿证据，就像法官办案要凭证据，把证据摆得齐齐的，你不承认也不行。

陶光先生去了师院，但没住在师院，而是住在翠湖旁边杨希闵的房子里。杨希闵是云南的一个军阀，这个房子现在已经拆掉了，有个四合院，陶光住在一楼。生活过得很拮据。听到耐梅讲：“原来教授这么穷啊！”所以耐梅就卖行头补贴家用，从这点看耐梅还是重情之人。

陶光是先生的得意门生。先生为什么喜欢陶光呢？我认为有两点吧。其一，陶光跟成章（刘成章，先生长子，1931 年因参与反日游行患病早亡）是同年的，看到陶光就会想到成章。因为先生对成章寄予厚望，对他要求很严格。罗师母（罗庸夫人）跟我说过："他对成章很严厉，连新衣服都不给他穿。对平章就没有这样，成章死了后他想通了。"成章的去世给先生的打击很大，可能是爱屋及乌吧，对陶光要求也很严。其二，陶光先生的词曲很好，好像是跟俞平伯学习过，他喜欢滇戏，先生也喜欢看戏，他们就经常一起去看戏。

刘文典和沈从文

我也曾看到一些诸如"跑警报""评教授"这样的文章，说刘先生对沈从文先生如何如何，很是不堪。说起先生和沈从文的纠葛，不仅是今天传得沸沸扬扬，其实早在我上学的时候，先生就跟我说过这事，觉得很不可思议，怎么会有这种传闻出现呢？我不知道这些传闻的真实性如何。关于先生和沈从文，我记得先生跟我说过一件事。那时，我经常到先生家里请教学问，他也会跟我说一些日常琐事。他曾跟我说，他请沈从文夫妇吃过一次饭，并说沈从文的夫人和师母有点关系。沈从文的夫人叫张兆和，而刘师母叫张秋华，又同是安徽合肥人，又同是姓张，好像在辈分上有些关系。事实上，当时一些像叔雅先生这样搞国学研究的教授将古籍、考据和国学视为学术生命，对新文学和作家并不是很接受。但我认为以先生的为人，他虽对新文学不是很感兴趣，但我想他不至于对一个晚辈会如此苛求。

（辑自《思想战线》2011 年第 5 期、第 6 期，此文据口述整理稿增补若干处）

我印象中的刘文典先生[①]

杨一兵

刘文典先生是校勘专家，是古籍研究的大师，还懂得三门外语。1943 年 1 月至 1958 年 7 月在云南大学任教。1951 年我大学二年级时选修刘先生的《温李诗》（研究温庭筠、李商隐的诗）。刘先生身体瘦弱，戴副眼镜，外罩长衫，脚穿剪刀口布鞋，一派中式学者的儒雅风范。

刘先生上课是坐着讲，和学生侃侃而谈，旁征博引，仔细考证，深入诠释。记得他讲“桃花灼灼，杨柳依依”就讲了两节课。他在课堂上说，学生不要唯老师的话是听，要独立思考，也不要囿于一家之见，要广泛阅读，博采众长。

我颇受启发，便到图书馆和新华书店找有关的资料阅读，而且作了重点笔录，写了心得体会。期末考

① 作者系云南大学中文系教师。

试，《温李诗》这门课的考题是：“试评温李诗”。题目很宽泛，不好着手，幸而我早有准备，有积累，考虑着重分析二位婉约派诗人典丽工巧的艺术特色。构想后，文思如潮，一口气写了四大张贡川纸（相当于现在云南大学考试用纸）。在规定时间交了卷。文史系助教吴进仁老师监考。他见我一直奋笔疾书，走到我课桌旁说：“写这么多呀！”我作了比较中肯、深入的分析，阐述了自己的心得体会，感到很满意，心情很轻松。

过了几天卷子发下来了，得了九十六分。在刘先生笔下能得如此高分，难能可贵，我很高兴。

又过了几天，吴进仁老师对我说：“刘先生看了你的试卷说答得很好，就问我这个学生怎么样？我说，是个黄毛丫头。刘先生很好奇，说，我想见见她。”

吴进仁老师和我约定时间某日（记不清具体日期了）下午三时到刘先生住处见他。届时，我便如约到了刘先生的住宅区枇杷园（现在南学楼一带）。刘先生的屋子是三间平房，我在堂屋里坐着等待接见。他睡午觉刚起床，听得他靸着布鞋在房里走动了一会儿，才掀开门帘出来。我站起来招呼他，他连忙叫我坐下，还给我倒了一杯茶，态度非常慈祥和蔼。我紧张的心情顿时松弛下来。

他询问了我的家庭和个人基本情况，得知我中学阶段念的是天祥中学，还说，他儿子刘平章也是念的这个学校，比我低几级。谈完家常后便着重跟我谈学习问题。他说：“你在试卷上不是死记硬背老师所讲的东西，而是谈出自己的见解，因此给你高分。”还说：“在大学要打好基础，不能偏科，各门课都要好好学。选修课要选自己爱好的，选有专长的老师教的。”我印象深的是他打了一个比方：“金字塔的底座非常宽阔厚实，才能砌得高，砌得尖。”

谈了半个多钟头，我怕老先生劳神，便告辞了。此后，一位学识渊博、慈祥和蔼、爱护学子、循循善诱的长者、大师的形象就深深印入我的脑海，至今鲜明不忘。

（辑自游庆章主编《云大往事》，云南大学出版社 2010 年版）

我所认识的刘文典先生①

陈红映

第一次听到刘文典先生的尊名是1956年。那年我大学毕业去向钟敬文、谭丕模先生辞行。当他们得知我考取云南大学的先秦两汉文学史研究生时，两位老先生都为我高兴，不约而同地嘱咐我，刘叔雅先生在那里，他对秦汉文学、思想有精深的造诣，要恭恭敬敬向先生请教。谭先生还说，叔雅先生是我的老师，是国内少有的研究庄子的专家。还说李广田先生也在那里，他的英文很好，你一定要把他们的学问学到手。从此我心中的学术殿堂里矗立起了一座高大的“无字碑”。说它“无字”是因为我从未望先生之门墙，对先生道德文章一片无知。

到云大后我赶紧去拜见心仪久矣的先生。那是在先生家里，只见先生穿着一件蓝竹布长袍，一派儒雅

① 作者生前系云南大学中文系教授，庄子研究专家。

风度。两道愤世疾俗的目光，仿佛穿透了遥远文明的帷幕，令我肃然起敬。当我转达了谭先生的请安，知道是先生的再传弟子时，先生脸上露出了欣慰的笑容。这时一位端庄文雅的老人从里屋端出一杯热茶来，先生忙对我说："这是你师母。"先生的率真使我顿生亲切之感，想先生深得魏晋风流，自是性情中人。我不由得想起头天刘尧民导师向我介绍师母说"这是我内人"时的情景。两位先生，一个直率真诚，一个纯厚谦和，深深地印在我的脑海里，似乎中国文化主流——道家和儒家的风范分别体现在两位先师身上。

由于新来了五个青年，系里决定请先生为我们开"文选学"，地点在老中文系的会议室，十个人坐在一张桌旁。我紧挨着侍坐于先生左侧，书写黑板自然由我"服其劳"。上课多由我去接先生，先生病脚，走得很慢。在藤椅上坐定后，缓缓打开用蓝丝绸印花包袱包的《文选》，没有讲稿。自先生在北大开这门课以来，已是三四十年了，自是烂熟于心了。先生讲的都是魏晋六朝的文学精品，而这在解放初期的中文系讲堂上是被认为形式主义乃至于颓废的样板而作为批判的"靶子"约略提及而已。记得在讲《洛神赋》前李善的背景介绍时，先生据当时礼法制度，直斥其伪，使我第一次具体认识到什么是不能"尽信书"。先生讲课，潜移默化，启人心智，非徒空言，全凭真知灼见，始悟昏昏者，焉能使人昭昭。不才不敏，然终身学之。

然而我却受当时思想性、艺术性、机械模式的影响，不满足于先生授课的"不系统"。一次在钟楼旁李广田校长问我听先生讲课的体会，我道出上面的想法。李校长说："你要想学得真学问，先得钻研，然后带着问题去先生家里聊天，学问自然来。叔雅先生肚子里的货可多着哩！"真是拨云见天。始知不但要"因材施教"还要"因材求教"，不拘形式。从此我去先生家勤了。

一次，我问先生：“您说：‘《洛神赋》是曹植的《离骚》。’我还不懂。”原来文怀沙先生虽然声情并茂地给我们讲过《离骚》，愚钝如我，竟然悟不出二者之间的联系；而先生的讲授方法却是引而不发，点到为止，让你似懂非懂，促你自己去找答案。可见先生不仅深谙而且善于践履孔子愤而启、悱而发的教学方法。我的话音刚落，先生眉宇间露出欣喜的神色，吸了一口烟，慢慢说道：“你看《离骚》里的香草美人，不是屈原追求‘美政’的象征吗？曹植‘足往神留’之洛神，不就是他心中的‘美政’理想吗？”先生见我若有所思，进而言曰：“这是《风》《骚》以来的比兴传统，对李商隐的一些诗，也应作如是观。”自此我才体会到中国文学传统不仅流淌在先生的学术里。而且，也流淌在先生的诗里（此点后面还要谈及）。

1957 年春先生参加全国政协会议归来，上课时讲到毛主席在书房接见他们的情景，并说：“毛主席的书桌上摆着一部《资治通鉴》。”后来我在先生家里好奇地问：“您在毛主席书房里还看到什么？”——这是当时出于对毛主席的热爱和神秘感油然而生的想法，要是在以后看见毛主席接见尼克松总统的电视画面，也就不会提出这样幼稚的问题了——先生只是说了一句：“一屋子的线装书。”当话题转到先生在《人民日报》上的发言时，先生说：“我是想借老子的理想寄托我对中国共产党的期望。‘生而不有，为而不恃，长而不宰’的后一句‘领导而不专断’是主要的。”我顿时豁然开朗。停了一会，先生补充道：“老子的理想，离林肯的‘of the people，by the people，and for the people’（民有、民治、民享），特别是‘民治’的民主理想只差一步。”说到这里先生陷入沉思，接着慨然叹道：“想不到走了两千多年还是差一步！”先生年轻时追随孙中山先生参加革命，做中山先生的英文秘书（1956 年在昆明胜利堂纪念中山先生诞辰 90 周年时，先生曾说中山先生的英文电报多是他起草的），对民主理念有所企慕是不足为怪的，而且看来还是老而弥坚。

然而与先生的“聊天”中也有闹笑话的时候。我买了一部线装的《说文》，竟然不会查，就去请教先生。不料先生脱口而出：“钱玄同不是在师大教音韵、文字学吗？”我心申暗笑先生的“老昏”。但还是提醒先生：“钱先生三十年代就过世了。”过了一会，先生恍然大悟：“你就去背吧，我就是这样过来的。”足见先生国学根底之深厚。学先秦的研究生不会翻《说文》，真是天大的笑话，我感到惭愧，但这能全怪我吗？五十年代初一切学苏联，教育制度也是亦步亦趋。苏联没有的，中国有的也废而不置。文字、音韵、训诂、文献、校勘等基本国学一律停开。半个世纪，新中国出不了国学大师，不亦宜乎！及至八十年代看到陆宗达先生的《训诂通论》，才知道陆先生原来是《说文》专家，而当时他勉为其难地讲斯大林的《马克思主义和语言学问题》那种尴尬情景，至今同学们回忆起来，仍不觉滑稽可笑。（附带说一句，云大中文系有远虑的年轻领导费了多年的准备，今年拟开文字学、训诂学课程，竟然无人报选而停开，不能说不是一种悲哀。难到国学就要在我们手里断子绝孙吗？）

先生耳提面命，使我获益良多，终身受用不尽。记得在正式讲课前先生总爱说古道今一番。如听到杨振宁、李振道获诺贝尔奖时，先生眉飞色舞，神情激昂，为西南联大培养出高水平的人才而自豪。但偶尔也流露出不平之气。譬如有一次先生说，在北京参加政协会议时，指责已是山东大学校长的陆侃如（他当年北大的学生）：“（陆）侃如，你们是怎样教育学生对待老师的？”对思想改造运动我未能躬逢其盛，又刚来云大，对先生这席话自然是丈二和尚摸不着头脑。后来才得知，听说有个听过先生讲柳词的学生，喝醉了酒，跑到翠湖公园躺在水边“领略”那“今宵酒醒何处，杨柳岸晓风残月”的意境。孰料这个学生在思想改造运动中，竟跑上台去控诉先生，说是中了先生的毒，才使他这般“颓废”的。我这才恍然大悟，心想先生“迁怒”固然无理，而怨愤却自有因：思想改造运动伤透了先生的心。柳永此词固无“颓废”，且不说它。试想，为师者，此情此景能不寒心！

然而更有甚者，在被称为“丁酉之难”的对知识分子进行思想改造的五十年代里，首当其冲的是要去除像先生这样的权威。我无法想象当时的情景。在大学读书时，听说运动中，李长之教授因与鲁迅先生打过笔墨官司，怎样检讨也过不了关，后来打成“右派”，弥留之际，北师大党委赶紧派人去先生耳边说：“‘右派’帽子摘了。”叔雅先生在运动中的遭际不得而知，幸好《云大人物志》给我们留下了难得的资料，可略知一二。当他听到有人对广田校长说“刘文典有极浓厚的权威思想”时，笑道：“李校长看见云大里面有学术权威，他只有高兴，不生气的。我既然是权威，当然有权威思想，有什么值得大惊小怪的呢?”还说：“学术上的权威要几十年才能养成一个，有什么不好?”这是辩解，是自卫，还是反击？抑或兼而有之？调侃间柔中见刚，体现先生的不屈性格和维护知识分子的尊严的勇气。说先生“自卫”，是因为再没有人能像陈立夫、蔡元培那样敢在“军阀”面前“力保”嵇康、祢衡式的刘文典了，也没有在苏联体制下保护哲学家别尔嘉耶夫、诗人蒲宁等一大批知识分子的高尔基了，更没有在资本主义的法兰西救助无辜的德雷弗斯的左拉了，最后也没有了救苦救难的观世音。所以先生只能靠自己。从《刘文典全集》可看到先生给胡适校长的私人信函，足见先生与胡适关系之深，也不难揣度当年先生面对全国铺天盖地的批判胡适的狂潮产生的恐惧，或许还有物伤其类的自危与逆反心理。不过弟子可以告慰先生的是：您的权威并未“打倒”，这有您的书在。一部《庄子补正》至今为研习庄学的必备书，足可传诸后世；而那些靠强力树立权威的，剩下的只是威权而已。

在我与先生的接触中，他从不谈及思想改造中的事，但从先生很少参加中文系政治学习，似乎可窥测其内心隐秘。我虽是研究生，但系里还是让参加文学史组的学习，每次学习，刘尧民等六位教授准时前来，唯独不见先生。适逢“八大”刚刚开过，学习内容是“八大”文件。张友铭先生是系的工会小组长，负责政治学习，想要先生参加颇感踌躇，忽然张先生心生一计，对我说：“先生喜欢你，你去请先生准来。”于是我按照张先生的布置，事先买好“八大”资料，借向先生请益之机，顺便把资料送给先生，并说我们教研室要学习“八大”精神，到时我来请先生。那时的学习是在晚上，果然不出所料，当我去接先生时，真的赏光了。先生的到来，气氛顿时活跃起来。其实那时的学习，只不过是念念报纸文件，领略领略精神而已，但还是蛮严肃认真的，不像后来天南地北神聊，发牢骚。由于我从京师来，又操着一口半生不熟的京腔，所以读报纸、念文件的任务，理所当然地由我包揽。记得读“束缚（fù）”一词时，我不自觉地露出了我的湖北方言，读成了“束缚（bó）”。正当汤鹤逸先生纠正我时，先生笑着说：“那是唐音。”及时替我解了围。后来我想先生何尝不知道是我的错，兴许出于厚爱，才以先生博学多识，文我之陋，缓解了我的窘境。但真正使我感到幸运的是能在这样的文化氛围中熏陶。可惜这样的机会今后再也没有了，而那晚先生说的唯一一句话“那是唐音”，至今仍在我耳边萦绕，催我在无涯的知识海洋里不断吮吸乳汁。

在我参加学习的一年中，先生就来那么一次，当时并不理解个中就里。后来得知陈寅恪先生关于接受中国科学院历史二所所长的任命条件，我依稀悟出其中的精神联系。具有“独立之人格，自由之思想”的陈寅恪与傲视王侯豪气依旧的刘文典似乎心灵相通，同气相求：拒绝定于一尊。所不同的是前者明抗，后者阴拒，这在当时需何等勇气。

于是我想起了先生上课时吟诵的诗句：“而今不卖《长门赋》，却向街头写《洛神》”。这两句诗是帮助我们了解先生晚年思想的锁钥。翻开《刘文典全集》，该诗“街头”二字赫然成了“昆明”。我愕然，忙问吴进仁教授，他肯定说是“昆明”，然而我的笔记里记的分明是“街头”二字，四十多年来我一直默诵这两句诗，而它是由我书写在黑板上的，确定无疑。面对异文如何解释？答案就是，吴先生先我受业于先生门下，他当时听到的是“昆明”，先生写下的也是“昆明”；而后，时迁思异有所改动是很自然的。且时“昆明”与“街头”虽同属平声，更易无损律则，但意境与情调迥异。前者平和但一般化，后者悲壮突显，愤激之情跃然纸上，隐然浮现先生奔走街头呼号的高大身影，增添了几分悲剧色彩，几分平民化诗情。但是尤重要的是志意所在。“长门赋”典出自司马相如受陈皇后“黄金百斤”为之赋《长门赋》，打动武帝，因而陈皇后“复得宠幸”的故事。“洛神”就是前文提到的“《洛神赋》是曹植的《离骚》”这一独特论断的诗化，万不可单纯理解为“发牢骚”。因此，可以断言：“而今不卖《长门赋》，却向街头写《洛神》”是刘文典先生的行为纲领：不向权力献媚，追求民主理想。这充分展示了先生在强力下不随波从俗的高洁人格和上下求索的不屈灵魂。“哀怨起骚人”，这是屈原的传统，也是中国知识分子的传统。不过，也显出几多悲凉，几多无奈！

其实用诗文明志的何止刘文典先生，近日披露的冰心《检讨手稿》（《文学报》，2001 年 3 月 29 日）为我们提供了又一历史佐证。那是冰心五十年代的“检讨”。先还是听李一信对该文的解读吧：“冰心这篇洋洋洒洒的检讨，像是对儿童讲故事，但过来人都能从这幽默风趣的字里行间读出那段人生的坚贞，无奈与艰辛。”冰心把孙悟空喻作“大资产阶级知识分子”，“思想体系必然是主观主义、个人主义、自由主义、无政府主义”，虽神通广大，“毕竟没有跳出如来佛的掌心”，经观世音指点“走上自我改造”之路，终于历经磨难，“化妖成佛”，“功成正果”。冰心“化妖成佛”了吗？她的文章，她的上街，我看没有。刘文典也没有，他们依然故我，仔细想一下，没有“化妖成佛”的又何止一个冰心，一个刘文典。具有自由思想、独立人格的钱锺书也是如此。

写到这里，始知先生晚年被视作“消极颓废”者，也就不足为怪了。而所谓“消极颓废”无非是说先生不像孙悟空那样“自我改造”，“成了正果”，而是虚与委蛇，拒不“异化”而已。其实这位当年造反的孙大圣最终只不过是屈于压力投降的奴才；而刘文典既未屈服，更不是奴才，骨子里是硬的。再说颓废者，意志消沉，委靡不振之谓也。而先生“晚年仍掩不住跟随孙中山和参加新文化运动时的少年豪气”（金克木《刘文典教授》，《光明日报》1991 年 10 月 12 日），足证先生虽遭疾风骤雨、惊涛骇浪之袭击，力有不济，时而沉落；但仍奋力挣扎，终未沉沦，依然“豪气”不减。更何况先生教学科研“积极努力”亦足证“消极颓废”之恶谥于先生名不副实，不可不辩。或曰“消极颓废”乃指“生活颓废”。不错，先生早年有鸦片之癖，但新中国成立之后果断戒除。或又曰“消极颓废”乃指留连梨园，玩物丧志。此又大谬。先生的确钟爱滇戏，但怡情养性，何颓废之有？忆昔我辈同席当年曾撺掇先生亲点当红名角共同观赏，难道也“颓废”？据说先生历年对滇戏脚本多有指点，于该剧种发展做过贡献，功不可掩，想自有人说个公道。总之，与其说先生“消极颓废”，倒不如说先生“消极抗争”更合事实。

综观刘文典先生，学术是辉煌的，人生既悲壮又凄凉。是儒家“威武不能屈”的道德人格哲学，道家“不为物役”的自由人格哲学，还有西方自由民主的精神理念，共同铸就了先生晚年的独立狂放的个性。正是这种性格与权力的冲突酿成了先生晚年的悲剧人生。是耶？非耶？福耶？祸耶？只得任人评说了。

（辑自陈红映《庄子思想的现代价值》，人民文学出版社 2009 版，根据作者提供原稿略有增删）

怀念刘文典师①

马兴荣

解放后我考入云南大学中文系，那时云大中文系最著名的教授是刘文典先生，当年在昆明有关他的传说很多，因此，一进校就很想见见他，但是没有机会。二年级时，他给我们班开《温李诗研究》，我真是非常高兴。我们的教室在会泽楼二楼右边第一个教室。这天我很早就到教室，选择了一个最佳的座位。上课铃响后，见一个中等身材，留着寸把长平头，头发灰白，面孔消瘦，双颊深陷，身穿一件半旧灰布长衫，腋下挟着一个旧布书包的老人走进教室。他一进教室就在讲台上的椅子上坐下，把书包放在讲台上，用右手压着左胸部直喘气，大约是走急了，又爬上二楼的缘故。这时班长叫起立，同学们都站立起来，他举左手示意大家坐下。这就是我很想见的、大名鼎鼎的刘文典先生。同学们都静静地望着他。过了几分钟，他才慢慢地从椅子上站起来开始讲课。这天，

① 作者系华东师范大学教授、《词学》主编。

他讲唐诗兴盛的原因，温李诗在唐诗中的地位。他没有讲稿，但讲得条理清楚，分析精辟，而且越讲越有精神。记得这学期有一次系里的八、九位先生来听课，按教学进度，这天是讲李义山的《锦瑟》，刘先生先讲了瑟是一种什么乐器，是二十五弦还是五十弦。然后讲李义山这首诗是以锦瑟起兴，不是咏锦瑟。并对种种旧说一一加以分析，认为都不可信。刘先生认为这是一首“无题”诗，是诗人李义山的晚年回忆，是自述感慨。下课后，我和坐在我旁边的叶德均先生一道走出教室，叶先生跷起大拇指对我说：“刘先生这两节课讲得太精彩了。”三年级时，刘先生给我们班开《杜甫诗研究》，我担任课代表，我的毕业论文是有关杜甫的，因此系里决定由刘先生指导，这样，在我三、四年级两年中，我和刘先生的接触就很多了，真是受益匪浅。

刘先生住在云大枇杷院里唯一一座坐北朝南的三间平房，朝西一间是刘先生的卧室兼书房、客厅。李广田先生担任云大校长后，在翠湖边上的云大图书馆里特别给刘先生设了一间研究室，里面陈列了廿四史、四部备要、四部丛刊以及十通、佩文韵府等，至于刘先生需要的图书随时再由图书馆调来。我在写毕业论文时，常向刘先生请教，一般他都不直接回答，只是说你去看什么书，有时连卷数也指出，而且把研究室的钥匙给我，叫我自己去看。我看完他指定的书以后，去还研究室门钥匙时就向他汇报我读书的结果，如果满意了他就不作声，如果不满意，他就叫我再去读，或者再另加读什么书。有时，刘先生布置我读书时不但有具体要求，而且还指出应注意的地方。例如他要求我通读仇兆鳌的《杜少陵集详注》，他说：仇兆鳌的这部详注，是众多杜诗注本中比较好的一种，但他也存在不少问题，如宣扬忠君思想；如沿袭旧注；如引文有的非原文，有的有删节；如对杜诗的音韵没有注意，而像《秋兴八首》这组诗的用韵安排就很讲究，这是迄今为止还没有研究社诗的人注意到的。这都是读“杜诗详注”时要注意的。总之，读书要十二万分注意，不能尽信。

刘先生自识甚高，但是他很推崇陈寅恪先生，他说：现在最有学问的是陈寅恪，只有我能和他做学问了。听说岭南大学中国文学研究室最近给他出了《元白诗笺证稿》，我知道他是力图改变以史释诗的传统，而是用史诗互证的方法来研究，来阐述的。这很了不起，你要设法找来看看。(陈先生的《元白诗笺证稿》我是1956年在上海才看到的，是文学古籍刊行社据岭南大学版，经作者增补脱漏，校正错误，重新出版的。读后我曾经写过一封信向刘先生汇报，不知刘先生收到没有。)

刘先生学问异常广博，教学生的方法也多样。记得有一次下课后，他叫我到他家去一下。我去了，他拿出一个六七寸长的椭圆形石砚递给我，并说："你看看这石砚如何？"我把石砚接到手中一看，这砚暗青中带着隐隐的紫色，石质非常细润。砚的上方刻了几朵云彩，利用石上一个圆形青白色石斑，刻成破云而出的一轮明月。最妙的是云下砚堂正中也有一圆形青白色石斑，宛如水中月影。砚的正面和背面都没有任何题识。我问刘先生这是什么时代的？是什么地方出的？他说："不知道，我是从朋友处得到的。"接着给我讲了一些石砚的知识、掌故。又说："你如果对此有兴趣的话，不妨去看看高风翰的《砚史》和《西清砚谱》之类的书。"又有一次，我在刘先生家，他拿出一个茶叶罐，叫我伸出手来，倒了一些茶叶在我手心中，并说："你看看这茶叶如何？"我用鼻子一闻就说："香。"刘先生说："你不要闻，你用手摸。"我看这些茶叶是扁平的，用手一摸很光滑。我说："这茶叶的外形和手感都和普洱茶不同。"刘先生点头说："对，这是龙井茶，和普洱茶不同，现在很不容易得到。"他叫我把手里的茶放在茶杯里，叫师母泡给我吃。他接着说："茶叶的品种很多，喝茶不止讲究茶叶，也讲究水，讲究茶具和泡的方法，陆羽的《茶经》你读过吗？"我说："知道，但没有读过。"刘先生说："无妨读读，不过读陆羽的《茶经》，还应该读明朝人张应文的《茶经》，清朝人陆廷灿的《续茶经》。另外，读一点咏茶的宋诗、词，也可以增长这方面的知识。"有一段时间，刘先生很喜欢看滇戏，有时也约几个学生一道去看。有一次我在他家，他对我说："昨天李广田来看我，劝我晚上不要去看戏，说年纪大了，多保重。我告诉他：'你要是同我去看上几次，你也会喜欢的。'"可以说，类似的例子不少。以上所说仅是记得比较清楚的，印象比较深刻的。

1954 年我毕业了，毕业分配方案宣布以后，我到刘先生家去辞行。刘先生说："上海没有我的学生，你是第一个，我十二万分高兴。但是我要告诫你，做学问必须踏实、虚心。我是搞小学的，我还常翻《新华字典》。"刘先生的这个教导，我一直牢记，未敢有违。

1956 年，云大中文系傅懋勉先生、张友铭先生来上海，住在上海大厦，我去看望他们，傅先生拿出一个信封对我说：这是刘先生托我带给你的他写的两幅字，两幅都是刘先生写的诗。这两幅字我是一直珍藏着的，很可惜在"史无前例的文化大革命"中被"红卫兵"抄家抄走了，从此石沉大海。

在我和刘先生接触的三年中，他没有评论过别人，也从来没有提及过他的过去。离开昆明到上海后，我陆续知道：刘先生十八岁时入安徽公学学习，受到该校教师陈独秀、刘申叔的赏识。二十岁东渡日本、入早稻田大学学习，并师从章太炎学《说文》。辛亥革命后归国，在上海和于右任等办《民立报》，宣传革命思想。二次革命失败以后，孙中山在日本东京改组国民党为中华革命党。刘先生再到日本，加入中华革命党，任党部秘书。民国五年，袁世凯死后回国，任《新青年》英文编辑。经陈独秀介绍，到北京大学任文科教授。后任安徽大学文学院长，这时安庆发生学潮，学生罢课，蒋介石前往镇压，要他严惩罢课学生，交出共产党员名单，他毫不含糊地当面顶撞蒋介石说："蒋先生，我不知道谁是共产党。你是总司令，就应该带好你的兵。我是大学校长，学校的事由我来管。"据说，蒋介石一听勃然大怒，当下打了他两耳光，并下令把他关起来，说他"治学不严"。关了好多天后，经蔡元培等人力保，才交保释放，但要"即日离皖"（鲁迅先生在《知难行难》一文中曾谈及此事)。清华大学校长罗家伦就聘请他到清华中文系任教授。在清华，他以为人耿直、学问渊博与陈寅恪先生同为学生爱戴的教授。抗日战争开始后，他未即时南下，日本侵略者就多次请他出任伪职，他都断然拒绝。他曾两次留学日本，日语很好，但他这时却以说日语为耻，因此屡遭日寇迫害。后来设法逃出虎口，辗转至昆明。他是清华中文系的教授，西南联大理所当然地聘他为中文系教授。

刘先生怎么从西南联大到云南大学的呢？这是因为他接受大盐商张孟希的邀请到磨黑，道路险阻，未能早日返校，影响教学，西南联大就没有续聘他。这给了云南大学一个机会，云大校长熊庆来立即聘请他为云大中文系教授。刘先生就这样到了云南大学，直到解放后逝世。这件事，在我进入云大之前就听说过。后来听说，刘先生到磨黑是因为皖南事变后，共产党指示西南联大的进步学生：分散隐蔽，保存力量。其中一些人到了磨黑的磨黑中学任教。磨黑中学的董事长就是大盐商张孟希，他是党的统战对象。当时张孟希想附庸风雅，提高声望，就向在磨黑中学任教的联大学生提出要求，要他们替他在联大请一个有名望的教授来磨黑，给他母亲写墓志铭，他也可以就近请教请教。他愿出很高的报酬。在磨黑中学的联大学生就回昆明邀请刘先生去磨黑。刘先生去磨黑，无疑是为了优厚的报酬，但在客观上却起到了掩护疏散到磨黑的进步学生的作用。这是局外人不知道的，也是刘先生不知道的。

当然，上述刘先生的过去，不过是一鳞半爪而已，而且是传闻。是耶，非耶，已无从质证矣。

刘先生逝世已经四十多年了，我离开云大也近五十年了。但是，刘先生在云大的住宅，刘先生的音容笑貌，刘先生的爱国、耿直，刘先生的博学，刘先生对我的教导，至今还时时浮现在我心间，难以忘怀。

（辑自《金沙江文艺》2002 年第 4 期）

刘文典先生二三事

如 海

刘文典教授不仅是海内知名的古文家，也是有名的红学家。

1947 年，他在云大泽清堂开过一次红学讲座，我曾进去听讲，现在大致还记得一些。如关于贾宝玉与林黛玉的爱情，刘先生说过，贾元春还在宝黛二人情窦初开之时，就极力反对二人相爱。先生举例说，《红楼梦》第十八回写贾元春回家省亲，看到贾宝玉给大观园中各处山水楼台题的匾都点头称许，惟独看到“蓼汀花溆”四字，便笑道：“‘花溆’二字便好，何必‘蓼汀’？”贾政听了即刻遵旨换了。刘先生说，元春为什么要留“花溆”而去掉“蓼汀”呢？这是因为“花溆”的“溆”字，其形似“钗”，其音似“薛”；而“蓼汀”二字反切就是“林”字。由此可知，身为皇妃的贾元春在其省亲时就暗示了她喜欢薛宝钗，不喜欢林黛玉。从这个例子可看出，刘文典先生对《红楼梦》的分析研究，是有其独到之处的。

解放前刘文典先生在云大执教时，有一次学术讲演中还讲到读书要认真，不能不求甚解，一字一句都要细心研究，才能有所得。他举例说，鲁迅有一篇小说《白光》，描写一个封建知识分子陈士成，一生参加了许多次科举考试，都未考中。最后一次科场失意后，他绝望了，便在自家屋里乱挖，想挖到点祖宗埋在地下的白银，结果一无所得，便投湖自杀。当他的尸体被打捞起来后，人们看见“那是一个男尸，五十多岁，身中面白无须。”刘先生说，陈士成是个须发皆白的老童生，怎么会是“面白无须”呢？原来科举考试时，应考的人无论多大岁数，皆称“童生”，填写相貌时一律写“身中面白无须”。鲁迅先生用这六个字来描写陈士成的外貌，是对封建科举制度的辛辣讽刺。刘文典先生治学之谨严，对鲁迅作品研究之认真，由此可见一斑。

（辑自 1985 年 11 月 l4 日《云南政协报》）

刘文典先生教学琐忆①

傅来苏

一、教案在脑中

解放后云大校方为了加强教学领导，提高教学质量，曾对授课的先生们提出要求，建议他们写出教学计划及简明的教案。而刘文典先生讲课时多用一块棉布包着教材，登上讲台入座后，拿出教材随即开讲，并未见到教学提纲之类的笔记本。

一次，我们在听了先生的课后，想弥补一下听课笔记中的不足之处，就大胆地向先生请教，并想看看先生的“教案”。先生明白了我们的心意后，莞尔一笑，用手指着脑袋说：“教案在脑中。”乍一听可能会认为这是一句遁词，甚至会误解为是与学校要求相悖

① 作者 1954 年毕业于云南大学中文系，生前系云南省昆明市三中教师。

的调侃，实则不然。

先生治学极为严谨，这早已为章太炎、胡适、陈寅恪等学者所推崇。陈寅恪在《庄子补正・序》中说“先生之作，可谓天下之至慎矣。其著书之例，虽能确证其有所脱，然无书本可依者，则不之补，虽能确证其有所误，然不详其所以致误之由者，亦不之正。”

先生治学如此，讲课呢，是否就随兴而发，漫无边际，肆意乱弹琴呢？校方希望授课有教案，理所当然，无可厚非。那么，先生是否备课了呢？“教案”是否真的在“脑中”？

约在 1951 年，先生讲授《庄子・养生主》时，将文中“始臣之解牛之时，所见无非牛者。三年之后，未尝见全牛也”句中的“全牛”考订为“生牛”。当时心中颇为新奇，因此文我在读高小时家父就曾教读过，对文中“目无全牛”一语印象极为深刻。此时对先生的考订顿生疑窦，但也不敢贸然质疑。因我此时正站在讲台上替先生板书一些资料，就趁机看了看先生放在讲桌上的书本，只见先生在书本的天头（即书页上端的空白处）上用蝇头小楷作了许多眉批注释，批注之字工整清晰，其间还有外语呢！下课时，我替先生收拾书本，看到此书为《庄子补正》，作者“刘文典”。课后，我和同学们谈及此事，人人赞叹：先生的巨著《庄子补正》早已享誉中外，且有“活庄子”的美誉，但先生仍继续勘校训诂，足见其治学之严谨，“一字异同，必求碻诂（碻，同‘确’。诂，训古言也）”。（文典先生语）先生对自己讲授的课题，的确已融之于心，化之于脑矣。

先生讲课，既注重疑难字句的考订，却又不囿于繁琐的训诂；既点拨文章的精要，牵一发而动全身，又能旁征博引，信而有征，高屋建瓴，汪洋恣肆。听了先生的课，令人耳目一新，视野大开，学法大进，这对我在大学毕业后四十余年的教学生涯中的治学态度产生了极大的影响。先生讲课虽无“教案”，但并未胡言妄语，离题万里。

“教案在脑中”，似有疏狂之嫌，间有微词，亦不足为奇耳。然先生在讲课之前早已胸中有本，因而讲课时左右逢源，舒卷自如，“教案在脑中”，此言不虚。

二、拨开烟雾睹真容

先生晚年治学杜甫，曾开设《杜诗》《温（飞卿）、李（商隐）诗》等专题讲座。先生虽体弱气虚，但登上讲台入座后，一进入课题即饱含深情，神采奕奕，正本清源，言而有据，阐幽发微，旁征博引。有时浅吟低唱，有时慷慨悲歌。忽如神龙遨游天宇，忽如黄河之水天上来，异彩纷呈，令人应接不暇。我们这群学子，由于根基浅薄，只好屏气凝神，洗耳恭听。为了更好地领悟先生讲授的内容，常常参读一些有关书籍，如冯至的《杜甫传》之类。先生发现后，亦未置可否，只是打了一个含蓄而风趣的比喻：去神庙烧香拜佛，烛光闪闪，烟雾袅袅，神佛的真容常模模糊糊，影影绰绰。要看清神佛，必须拨开烟雾，才能看清庐山真面目。

这个比喻生动贴切，耐人寻味，至今难忘。不论是读书治学或教书讲课，参阅他人的著述，以为参佐，未始不可。但如满纸“某专家说”“某学者云”，舍本逐末，以桃代李，雾里看花，多任己意，则似属欠妥。先生尝言：“前人校释是书（指《庄子》），多凭空臆断，好逞新奇，或有所得，亦茫昧无据。今为《补正》，一字异同，必求碻诂。若古无是训，则案而不断，弗敢妄生议论，惧杜撰臆说，贻误后学而灾梨枣也。”（转引自张德光《庄子补正跋》）。

拨开烟雾睹真容，言之有理。

三、外文注古籍

1999年金秋，在云南大学出版社和安徽大学出版社联合出版的《刘文典全集》（共四卷）首发式上，云大历史系耄耋之年的李埏教授讲述了他亲历的一件事，称颂文典先生治学之严谨。他说，约在40年代中期，他曾向文典先生借阅过一本有关大唐三藏法师取经（书名记不清了）的书。这本书的印刷并不精美，纸质也不太好，但在阅读中发现该书的天头、地脚（即书页的上下空白处）和两侧空白处，文典先生均用朱笔作了批注。令人惊诧的是，除中文外，还用日文、梵文、波斯文、英文等文字加以注疏。其知识之渊博，治学之严谨，令人叹为观止。据李埏教授说，此书已璧还，但后来不知什么原因，已无法找到，至今下落不明，深感遗憾。

先生这种用外文注疏我国古籍的情况，我也曾亲身见识过。先生在讲授《庄子·养生主》时，对文中“吾生也有涯，而知也无涯；以有涯随无涯，殆已；已而为知者，殆而已矣”的阐释，先生曾用一句拉丁文作为注释，这里就不赘述了。

（辑自2001年3月30日《春城晚报》）

刘文典先生授课记①

吴棠

刘文典先生是西南联大文科著名教授之一，早年做过安徽大学校长，并任过清华大学的国文系主任。

西南联大复员北平后，他留在云南大学、五华学院任教。1948 年我有幸聆听他的课，讲的是《荀子》。其他先生讲课都是站着，刘先生则要坐着讲，靠背木椅不行，要藤椅，学校专门买了一把腾冲出产的“太师椅”，到他上课时，我们就事先把藤椅摆在课台上。或许是年老体弱的关系，上课要用“葫芦兜”人力车接送。刘先生身体十分瘦弱，面容枯槁，头发蓬松，从不梳理，夏天还穿丝棉长袍，玄色葛绸的衣领和袖口，变成了发亮的黑色。同学们说这就是不修边幅的“名士”风度。讲桌上还要备一把江西瓷小泡壶、一包精装“重九”香烟。他的烟瘾极重，基本上一根接一根地抽，只有擦火柴时稍有停歇。

刘先生讲课的声音很小，那时还没有扩音设备，坐在前几排才能听清楚。他躺在太师椅里，讲几句，抽几口烟，又呷一口茶。板书时也不起立，转过椅子

① 作者系云南著名文史学者，曾任大理白族自治州图书馆馆长。

侧身伸手写在黑板上。讲课的内容，初听时好像“扯”得很远。第一篇《劝学》，并不像我们读中学时，老师逐章、逐句地解释。而是举出其中一句、一字，旁征博引，随意发挥，远到《尚书》《春秋》《左传》，近到章实斋的《文史通义》，清儒经学，实际上包括了先秦诸子及古书辨伪、考据、训诂、注疏等治学方法在内。例如有次说到孔子作《春秋》尚有一番大义，一个“义”字就讲了一节课。我们喜欢听他讲课中涉及到的“西洋”知识，讲他当年在英国伦敦“大英博物馆”里①，见到哪些敦煌经卷，皇家图书馆里又有哪些中国古籍中的珍本、孤本等等，感到很新鲜。他的国学根底堪称大“儒”自不用说，还精通英语和拉丁文。讲一个“字”，他有时就把这个字的英文、拉丁文词义，同时写在黑板上，流利地用外语读出来。按照刘先生的这种讲法，一个学期只讲了一篇《劝学》。《荀子》其他各篇，就叫我们自己去“学”了。

刘文典先生在学术、教育界的名声很大。学识渊博，中西兼通是一个方面，另一点受人尊敬的是不畏权势。他当年任安徽大学校长时，有一次发生“学潮”，蒋介石大为不满，当面指责刘文典：“你这个校长是怎么当的？”刘回敬说：“你这个新军阀是怎么搞的？”为此，据说蒋介石曾把刘文典抓起来，后因考虑到刘的声望和影响，此事也就不了了之。

刘文典先生字叔雅，安徽合肥人，生于1889年，1938年到昆明，1958年逝世。生前曾任第二届全国政协委员。主要学术著作有《庄子补正》《淮南鸿烈集解》等，深受国内外学人的赞誉。

（辑自1996年第2期《民族文化报》）

① 编者注：此处作者记忆有误，刘文典先生并未去过英国。

悔[1]

李必雨

整理书柜，偶尔在一本老相册里翻出我上大学时的一张照片。背景是巍峨的会泽楼，一个穿长衫的老人正从侧门走出来。老人只在照片右下角占了一丁点地位，连眉目都看不清楚，然而我却如受雷击，呆坐着凝视这已变得灰蒙蒙的照片，思绪一下子飞回到四十多年前。

一九五五年那个难忘的夏天，我悬着一颗心熬过若干个漫长的白昼和不眠之夜，终于盼到了那封沉甸甸的信。手抖抖地拆开一看，除了《录取通知书》，还有一份名为《云南大学》的图文并茂的学校情况介绍。这份《介绍》讲到中文系的时候，特别指出，系里拥有被周总理誉为“国宝”的老教授刘文典先生和那些著名教授。我心花怒放，胸中一片清甜。“名师出高徒”，能够有幸成为刘先生和那几位著名教授的

① 作者 1959 年毕业于云南大学中文系，曾任昆明市文联主席，云南省作协副主席等职。一级作家。

弟子，经他们耳提面命，成才之路还能不坦坦荡荡?

九月初到了学校。中文系召开了迎新会。会议开始后不久，一个瘦小枯干的老人踱着方步走进了会场。他穿一件蓝布长衫、黑布鞋，手里拿着一把瓷茶壶、两包“大重九”香烟。五十年代，已经很少有人穿长袍了，这位老人的服装却依旧如此传统。见到这衣着，我猛地想起了鲁迅先生。鲁迅先生不就是这样子？不过，这位老人的头发没有鲁迅先生的那么多，也没蓄胡子；也许是牙齿剩得不多了吧，嘴有些瘪。虽然脸上皱纹纵横，眼睛也小，但目光炯炯，并不显得龙钟。老师们和高班同学们纷纷起立，热烈鼓掌。我们也跟着站起来。

系主任刘尧民教授介绍道：“这位便是刘文典先生。刘先生学识广博。古典文学的造诣尤其渊深，对《庄子》的研究更是独辟蹊径、成就超卓。现在请刘先生给大家讲讲话!”

掌声犹如暴风骤雨。我把手掌都拍痛了。

刘先生微笑着点点头：“我一向不参加这类活动。听说这一届新生的入学成绩不错，我心里高兴，破一次例，来看望看望大家。我不教你们。教的是你们老师的老师，说到《庄子》，不是什么研究的蹊径问题。古今中外的那些‘学者’不论经由什么蹊径，皓首穷经，勉强算是挨近了《庄子》的，寥寥可数。算起来，全世界真正懂得《庄子》的人，总共有两个半。一个就是庄子自己。中国的《庄》学研究者加上外国所有的汉学家，唔，或许可以算半个。”他并未指明另一个是谁，只是扫视全场，微微一笑。不过大家心里都明白，那当然只能是他老先生了。他继续说：“我虽然不教你们，不过要是遇到了国学上的难题，你们可以来问。我喜欢勤学好问的学生。别人不识的字，我识；别人不懂的篇章，我懂。你们不论来问什么问题，我都会予以解答。嗯，就说这些。”

又响起了掌声，但没有刚才的那么热烈。大概是得知不能听他老先生的课，新同学们都大为失望了吧。

会后，我与接待我们的高班同学谈起这位国宝，才知道他老先生这么说，并非狂妄。他的胸中可以说盛着中国古典文学浩瀚的大海。那位高班同学写了“赤疋”二字，问道：“认得这两个字不？”

我瞠目结舌：“汉字里有这两个字？”

那位同学笑笑：“我刚进校的时候，高班的同学也写过这两个字叫我认。我当然不识，便‘秀才认字读半边’，念成‘卡疋’。不过倒也没有哪个笑我，因为大家都读不出来。刘先生名文典，字‘卡疋’，读作‘叔雅’。那以后，我们班的同学背地里都把他叫作‘卡疋先生’，算是对他老人家的昵称。他倒也不是绝对不教本科生，三四年级开设的《楚辞》《庄子》选修课他隔一两年也教一个班。选了这两门，运气好的也能听到他的课。他上课从来不带讲义。右手端一壶茶，指缝里夹两支粉笔，左手拿两包‘大重九’就上了讲台。有时候一个字可以讲好几天。”

我暗下决心：三四年级时一定要选修这两门课。

刘先生的奇闻轶事实在多。校园里流传着有关他的好些新“民间传说”。既然是“传说”，其真实程度当然就难以考定。不过，我相信这些传说绝大多数的绝大部分都不是虚构。

据说，他问过学生们：“世界上，谁打过蒋介石耳光？”

学生们想：那自然是蒋介石的爸爸喽，此外还有谁能动这个手？

不料他老先生竟指指自己说：“我！”

这很有可能，他当过孙中山先生的秘书。蒋介石尚未发迹、还在孙先生麾下办事的时候，挨过他的耳光倒也并不稀奇。以后，蒋介石登上了国民政府主席宝座，刘先生对蒋依然漫不为礼。蒋介石一怒之下，把他关进了班房。刘先生深陷诏狱之事绝对确实，鲁迅先生提到过，载之于《鲁迅全集》。蒋介石也许是为了雪那一掴之恨吧！

有这么一桩趣事。这事发生在本世纪四十年代初。滇南茶乡的绅耆慕刘先生之名，请他到普洱讲学。讲学完毕，打道回昆。因为土匪猖獗，普洱派了个科长带了一个班护送。即使这样，也还不敢单独上路，跟着一伙既在江湖上有头有脸，又有枪手保护的大马帮走。大概是由于刘先生乘坐了装饰华丽的“滑竿”，又带了那么多卫士，被土匪的“吊线人”误认为他腰缠万贯，或者讲学所获程仪甚丰吧，竟盯上了他。到了“大开门”峡道，坡上三声枪响，两边山林中突然冒出了好几百人。黑压压的一大片，穿什么的都有。忽然，一声长哨，那些人倏地隐没。显然，这是等着“打话”。马帮的“锅头”上去了。过了好一阵，才哭丧着脸折回来：“刘先生，人家是特为找你老者来的。要这个数。”他伸出巴掌，再加上另一只手的大拇指。

刘先生皱起眉头：“六十块‘半开’?”

“锅头”苦笑了：“六千!”

刘先生气得嘴唇直抖：“我，我只有一套宋版《庄子》，唔，还有一套脂批《红楼梦》敦诚手抄本，无价之宝，唔，无价之宝！六万六十万都买不到。去，问他们要不要？要，我忍痛割爱。”

“锅头”的脸皱得像个风干的佛手瓜：“刘先生！那些人，连自己的名字都认不得，要书去做什么？裹烟抽嫌软，揩屁股嫌硬……”

刘先生狠狠瞪他。“锅头”只好垂头退开。刘先生想了想，取出纸笔，龙飞凤舞地写了一张条子，递给护送他的科长：“附近哪里有国军？去，叫来，把这些蟊贼撵开!”科长也心知如果这位连龙主席也奉为上宾的刘先生万一有个三长两短，他的脑袋只怕也保不住了，便立即命令班长带领两名士兵拿了刘先生的信去求救。随即把刘先生护送到一处死角。枪手们也找了大树、石岩作掩护，与土匪对峙。

土匪并不认真进攻。只是朝刘先生躲藏的地方不时抬高枪口开一阵枪。看来他们似乎知道不会有人来援，有恃无恐；也像是不愿伤害刘先生，一心要以又困又吓人的方式逼他拿出钱来。得了钱就罢手。但刘先生哪来这么多钱？普洱茶倒带了不少。那马帮驮的也是普洱茶。

刘先生的条子还真管用。过了两个多小时，一个连的正规军赶来了。四挺轻机枪，近百支步枪，砰砰嘣嘣，打得山上枝叶乱飞。

“锅头”吓青了脸，快速爬过来：“刘先生，这怎么得了？国军不来还好一点。他们哪打得过土匪？”

刘先生不以为然：“国军正规军都打不过，谁打得过？”

“锅头”道：“保警队。”那科长也证实保警队确实神通广大。

刘先生又笔走龙蛇写了一张条子，要那科长和“锅头”去请。

又过了两个多钟头，保警队赶来了，扛的全都是“老套筒”。一到，就请正规军停止射击。保警队一个排举枪对天来了一次齐射。

土匪的枪声立即停止。

保警队又朝天开了一排枪。山坡上响起三声长哨，随即寂然。

保警队的头儿跑过来敬了礼：“刘先生，土匪打跑了！”

刘先生大为诧异：“你们和这些山大王是……是朋友？”

“不是，不是朋友！他们是怕我们……怕我们的老套筒。”

刘先生这次脱险，相当侥幸。不过从这也可以看出他在云南声望之高。前几年普洱两位老人对我谈起此事时，仍眉飞色舞。

这位老先生酷爱戏曲，听戏也别具一格：端一壶浓茶、带两包香烟，坐到“场面”（台边伴奏席）上去听。听得悠然陶然。那些小剧场大概也很乐意请他到台边去坐：他老先生不是最好的广告么？

还有一件事，很能反映出他的孤傲。大概，耽湎于某一领域的研究到了痴迷程度的人，总是不那么通世事，而且都颇有些怪癖吧！据说，有一次周总理请他到北京开会。启程那天，学校的总务长到了他家，很抱歉地赔笑说："刘先生，实在对不起，校长的小车不在家，那辆华沙牌副书记坐出去了，只好委屈先生乘吉普车去机场。这是我的失误，请先生原谅……"五十年代，即使是大学，轿车也并不多。

刘先生淡淡一笑："我本来就不想去。车不方便，不去也罢。"

总务长大惊："哎呀，那怎么行？这是总理请你老人家……"

刘先生斜了他一眼："不去不行？那，你背我去。"

总务长不得已，只好又去赔笑，借了书记的车，送他到了机场。

如果这个传说属实，那只能叹息他不识时务："国宝"能值几文钱？怎么能这样任性！人家会不把这说成"与书记校长分庭抗礼"？而且正好印证了那句名言："知识分子的尾巴翘到天上去了！"

"反右"时，他也许是由于"两耳不闻窗外事"，只虔心治学，没有"鸣放"出什么"右派言论"吧，居然逃过了灭顶之灾。但那以后，大大小小的政治活动接踵而至：双反五打、插红旗拔白旗、向党交心……他终于没能躲脱厄运。记得"拔白旗"时，党委书记作动员报告说：列宁讲过，资产阶级学者传授给学生的大都是九分无用一分陈旧的知识。又引述陈伯达在《红旗》杂志上发表的一篇文章，说资产阶级专家学者大多具有"贪""妄""骗"的特点。号召破除对这些权威的迷信。那时我正发狠努力听党的话，争取做名副其实的驯服工具。对列宁的话，对党中央理论刊物所载的无产阶级权威理论家的话哪还有半点怀疑？心想《庄子》研究得再深，对无产阶级革命和社会主义建设又能有多少裨益？他所掌握的那些不正是"九分无用一分陈旧"的货色？于是我开始相信刘先生是我们系最大的资产阶级学术权威。中文系师生批判他的时候，我由于没听过他的课，对他并不了解，只好根据别人的"揭发"，画了几幅丑化他的漫画。

傍晚，听说他被勒令在系办公室写检查；我拿着漫画到大字报栏去贴的时候，绕路到系办公室门口看了看。办公室，他坐在木沙发上，低着头，缩成一团一动不动，形若泥塑木雕。除他而外，办公室阒无一人。我感到自己的心一个劲地往下沉。他那么大的年纪，检查满可以让他在家里写嘛……随即我悚然一惊：呀，我这是怎么了，难道这不正是小资产阶级的软弱性动摇性？千万要站稳立场！

尽管这样自我宽解，但心情依旧不安，贴漫画也提不起劲头。

较之后来文化革命中的戴高帽挂黑牌鳖“喷气式”，那时对“权威”们可以说是“文明”得多“温和”得多了。但知识分子有“士可杀不可辱”的傲气。尤其是像刘先生那样孤傲的人，践踏人格也许比判处死刑更令他难受。那以后，我就没再见过刘先生。

扪心自问：我当时就那么革命？答曰：是的。那时包括我在内的大多数大学生都把听毛主席的话听党的话作为人生第一要义。具体而言，便是听党委书记、支部书记们的话，不会、不敢、也不曾想过他们的话竟然也会有谬误。然而穷根究底，能说我就没有私心？一九五七年夏天，我遵照指示真诚地帮助党整风，说过一些话，写过一些小文章。但在“反右”时看来，这些好心的话颇有些像“右派言论”。侥幸的是，我们班在大鸣大放中言行激烈的同学相当多；他们纷纷落网。也许是所划右派已经大大超过规定指标了吧，我虽被吓得灵魂大淌虚汗，却居然逃过了那一劫。从那时起我如临深渊如履薄冰，竭力要自己从内心深处做到革命化，于是不仅把损害别人之举看成了分所应为，而且为它找到了冠冕堂皇的解释，在欺人亦复自欺中求得心理的平衡。

毕业后，我被分配到一所中学教学。辗转听说刘先生已经含忿去世，临终吩咐家人，把他的藏书全部捐赠给浙江大学……

噩运终于也降临到我头上。六六年，我因一个剧本被打成了“反革命”，充分领略了“红色恐怖”的滋味。见到“红卫兵”们盯着我时那喷火的眼睛，我理解他们。他们真以为我是反革命；他们也在听毛主席的话；他们也一腔热血满腹虔诚。于是我懂得了刘先生从“拔白旗”到弥留时的心境。同时我也为刘先生庆幸：他真是死得适时。

一场噩梦总算终结了。但我再也没去过母校的校本部。我怕见会泽院的红墙。墙前的大字报栏，是以前我贴过漫画的地方；我怕见会泽院后的那栋小楼，那里曾经是中文系的办公室。不知刘先生看到我那几幅漫画没有？但无论如何，那总是往他心灵补上的一刀。忧患余生，懂了事，想要稍作弥补，却已经为时太晚，只能抱憾终身了。

我真诚地忏悔了。刘先生，您听见了吗？

（辑自《边疆文学》1999年第3期）

五十年代末的刘文典①

雷国维

一九五六年八月笔者由四川考入云南大学中文系。新生入学，注册报到之后，便是走访系里的老师；当时云南大学中文系师资力量还是十分雄厚的。其时中文系的著名教授除李广田（他当时担任学校的校长）之外，还有刘文典教授。未到刘家，便听到许多关于他的轶闻趣事，有的还十分可笑，闻之令人捧腹。但有两条是令人肃然起敬的。其一便是北伐战争期间，蒋介石亲率北伐大军打到安徽，亲自召见时任安徽大学校长的刘文典，要他将学校里异党分子也就是进步青年的名单交出来，刘文典不但一口回绝，而且与蒋介石当面顶撞起来，蒋介石拍桌子，刘文典也拍桌子，甚至当面骂蒋介石是新军阀。气得蒋介石下令将刘文典囚禁起来；后来多亏蔡元培等元老的说情才使刘文典恢复了自由。第二件事，是刘文典早年参

① 作者1956年考入云南大学中文系，1980年调至暨南大学中文系任教，1985年到广州经济技术开发区任职。

加同盟会，又是国学专家，尤以研究骈文为其特长，在国内外享有盛誉。抗日战争胜利后，蒋介石做六十大寿，刘文典写了一副对联送给蒋介石，蒋介石并不知道这副对联是挖苦揶揄他的，令部下将对联挂在显要位置，后来被张群、陈布雷发现才撤下来。事后蒋介石十分恼怒，令其手下的特务去找刘文典算账，可惜晚了一步，当特务们赶到昆明时，刘文典早已到国外讲学去了。

我们这些新入学的学生，来到刘文典老师家，只见他身材不高，留着一撮胡子，戴着一副酒瓶底似的深度近视眼镜，穿一袭灰色的长衫大褂，笑容满面地跟我们拉家常，不像令人敬畏的教授，俨然是一位亲切的长者。他从一个云南特有的瓦罐中掏出一些荠丝请同学们吃，那荠丝黑糊糊的模样，没有几个同学敢去尝试。当时刘文典正在修订《杜甫年谱》，我们在当年的国庆游行时，抬的中文系的科研成果便是刘文典的《杜甫年谱》的木制模型。一九五六年国庆刘文典被邀去北京参加国庆观礼，回来之后，他以十分激动的心情向中文系师生讲起到北京的观感，他认为我们生活在一个好时代，勉励我们好好学习，将来报效祖国。他对共产党和祖国的热爱溢于言表。

接着是不平凡的一九五七年，帮助中共整风，大鸣大放。早春时节，《云南日报》的记者便来采访刘文典，报纸上用了几个版刊登他的意见，他这些意见是与人为善，知无不言，言无不尽的。接着便是反右斗争，一场反右斗争下来，刘文典的助教、研究生和曾采访过他的报社记者全部都划为右派分子，只有他幸免戴帽。从此之后刘文典只好小心谨慎，不再说话了。

刘文典十分喜爱云南的地方戏：滇剧。每有新剧上演他一定请学校派车，去大观剧院看戏，他与一些滇剧演员关系十分好，还给他们的孩子取名字，如给滇剧名角哈咏天的两个孩子取名为哈彤、哈铊……可惜好景不长，一九五九年[1]后，汽油十分紧缺；当时学校总务处决定买一辆脚踏的三轮车，供刘文典晚上坐着去看戏，当时他年事已高，行动不便，便拒绝了。就在一九五九年春暖时节，刘文典应中文系要求给高年级同学开考据学。开了没有几节课，反右倾运动又开始了，李广田教授被划为右倾机会主义分子，行政职务也由校长降为副校长。在知识分子中，又开展引火烧身的运动，几个“左派”学生便画起刘文典的漫画，说他上两节课只讲了四个字“晋太元中”，实在浪费云云。在这种氛围中不要说讲课，连修改《杜甫年谱》的机会也没有了，一代学者终于在郁闷的气氛中逝去……

（辑自 2006 年 3 月 27 日香港《大公报》）

---

① 编者注：此处时间有误。

刘文典先生逸事[①]

孙维骐

1948年我在昆明五华文理学院中文系读书，刘文典先生开我们班的课是《汉书》，同学们都很高兴。因为刘先生是久负盛名的“庄子权威”“红学专家”，大家满怀喜悦，待来了秋季开学第一周的第一天。教室里座无空席，都想见见久闻大名的文典先生。

这天，教桌上摆好茶一杯，“555”烟一听，一把藤椅。这种款待与其他教授先生不同，一般只一把木椅，不设烟茶。就论这一点，也可见出刘先生不一般。

刘先生进到教室，第一句话是：“我是安徽人，我这个人，对历史不懂，文学是我的专长。”我们坐在前排的都听得清清楚楚。可是，刘先生的第二句话还未说，后边一个同学却举起手来，声音很高，说：“刘先

① 作者系云南民族学院中文专业教师、中国鲁迅研究会会员。

生，我有点意见，请先生声音大一点，后边的听不见。”这下，刘先生反问了一句：“今天班上到了几人？”一数，三十多人。刘先生喝了一口茶，烟卷还拿在手上，仍低声道：“我上课，都在小教室，学生人数不超过二十五人。我的声音只能如此，大不了。今天到这么多人，不讲了，下课！”

自此以后，刘先生不每周都来，间周才来讲一次。同学们都有个印象：“学识渊博，但人很傲气。”

据说，文典先生上课，不领现金工资，是折成云土（云南的鸦片烟）给他的。

提起“云土”，有一次刘先生从昆阳回昆明，身带着云土被国民党宪兵十三团查获而没收。刘先生毫不介意地说：“我是大学教授，政府特许我抽大烟，你们收了，三天内给我送到云南大学来。”果然，第二天分两不少，云土送到学校。原来，蒋介石特许刘先生抽烟，是因为刘文典先生是“中国的国宝”。可见其身价之高。

刘先生的“傲”，还反映在他对鲁迅先生的态度上，他曾经骂过鲁迅，说“他写的《狂人日记》，鲁迅就是一个狂人”。后来，这句话就成了反动文人利用作攻击鲁迅的论据。但不到两三年，大约是 1949 年的一天，报上却登出刘文典先生在一次会上说，他过去骂鲁迅“先生”是“狂人”，骂错了。“鲁迅对了，我错了，我要重新认识鲁迅。”这件事，可见学者气质，知错就改，公开承认。

解放后，刘先生的公子于 1953 年入成都工学院读书。因为是“国宝”的公子，平时刘先生写给儿子的信，被同学们围在宿舍床旁，令其宣读来信。据说，有这样一些内容：

一次来信，只说了一句话：“今天下午我到光华街，看到一把土瓷壶，将它买下来。”

又一次，说：“我买到一本心爱的书。”

又一次，“寄给你一点钱，望收用”。

每次信，都是三言两语，父子之情如君子之交“淡如水”。

（辑自孙维骐《心路集》，远方出版社 2000 年版）

我所认识的刘文典先生[①]

张 传

最近读了章玉政先生撰写的《狂人刘文典：远去的国学大师及其时代》一书，该书于 2008 年 5 月由广西师范大学出版社出版，作者历经三年多时间，搜集大量的第一手资料撰写而成。读后对刘文典先生崇高坚贞的民族气节，无人能企及的学术造诣和贡献及其生平有了进一步的认识。

作者在本书第十六章的《最后的政治答辩书》中写道："火越烧越旺。1958 年 5 月 2 日，张德光（原云大历史系主任、教授）在日记里写道：'上午党支（部）研究教改工作，本周与中文系配合两次批评刘文典。下午文史两系教师及中文系学生代表听刘文典自我检查。'他知道，如果自己不低头认罪，随之而来的将是更为猛烈的'炮火'。面对突如其来的阵阵'炮轰'，刘文典显得有些委屈，但更多是无奈，是落

① 作者系云南大学图书馆离休干部。

寞。于是，刘文典作了一个长篇的自我检讨。检讨的内容被张德光比较全面地在日记里记录了下来，堪称一份难得的历史资料。”

张德光记录的刘文典先生的自我检讨全文约二千字，确实堪称一份难得的历史资料。而我手中也保存有当年中文系整改领导小组用油印分发的一份刘文典《我的初步检查》《刘文典先生的第二次检查》，约一万二千字。中文系整改领导小组在第一次检查的说明附注中写道：“这份书面检查是由刘先生口述，别的同志执笔写成的。”在关于刘先生第二次检查的说明中写道：“刘文典先生的第一次检查引起同志们的极大不满……检查极不深刻，要他重新作全面深入的检查。在大家的帮助和督促之下刘先生写了第二次检查。”从上面两篇说明中，我们了解到第一次检查是由刘先生口述，别人执笔写成的，第二次检查是刘先生自己写的，根据是“刘先生写了第二次检查”这一句话。

刘文典先生的两次检查这份极其珍贵的历史文献，我是因一次极为偶然的机会而得到的。1985 年的一天，当时我还担任着云大图书馆副馆长职务，下班时和老馆员曾以厚同志走在一起，他手里拿着一个装满废旧纸张的箩筐，正要送到图书馆前面至公堂西侧的垃圾坑倒掉焚烧，这些废纸是他清理他的办公桌抽屉清理出来的。我和他一道走出门，随便看了看他手里的字纸箩，见到是一些陈旧废纸和油印材料，其中有一份竟然是《我的初步检查》，作者是刘文典，我真的是眼睛一亮，就对他说：这份材料丢掉太可惜了，我要拿回家去看看。老曾嘿嘿一笑，就往垃圾坑那边走了。

回家以后，我仔细阅读了“检查”全文，感慨很多。我在想碰到曾以后去倒废纸，伸手把它抓了过来，这种千载难逢的机遇，可能是与刘先生的一种缘分。假如我不遇到老曾，假如遇到了不伸手抓来看看，刘先生在那猛烈如火的煎熬中被迫写下的这些泣血文字，将如石沉大海，永无踪迹。这种可能是存在的。

在云南大学，“运动”接连不断，个人的检查、交待、检讨，我见过的太多了，特别是在“文革”中，我见过李广田校长亲自刻印的“申诉”、寸树声副校长的“检查”，方国瑜教授的“交待”。这些都是他们在那灾难的年代呕心沥血之作。当年我也是写不完的检查交待。看了他们写的觉得是司空见惯，看后也只是暗自长叹，没留下他们的只言片语，现在看来实在是一件非常令人遗憾的事了。

那么，1985 年我为什么会对刘先生的这份“检查”这么重视，情有独钟呢？因为我对刘先生一直是很崇敬的，在这里得先说说我早年认识刘先生的点滴记忆。我在云大工作生活至今已六十多年，1944 年 10 月我到云大，当时我只有 14 岁，小学毕业。我生长于云南弥渡县一个偏僻的小山村，因为保长要抓我去当兵，爹妈心疼我年纪小，让我逃到昆明，得到一位亲戚介绍，进入云大总务处，在文书组当了一名校工。当年云大工人生活之艰苦，是现代的人很难想象的，没有住处，晚上用一张草席铺在办公室地上就是睡觉的床，吃的伙食十分粗劣，难以下咽。当年大学教授有的靠典当衣物度日，工人生活就可想而知了。我来自农村，觉得生活艰苦，但有一个难得的好处是晚上我可以在办公室明亮的电灯下学习，这比起农村在一盏小菜油灯下看书好了不知多少倍。于是就慢慢安下心来，白天做工，晚上自学。我在云大总务处文书组，接近的是一些有文化的人，经常听到人们谈论某某教授是留学哪国的博士，某某是哪国的硕士，谈到刘文典时说他懂几国语言，学问如何了得。刘先生当年是大教授、大学者，声名远扬。我年纪小、地位低、文化更低，没有见过刘先生，听到这些传言，心中自然而然地萌发了一种对刘先生朦胧的景仰，但对刘先生的高风亮节、宏博的学术造诣等等，却是一无所知，就是现在，可以说也是知之甚少。

对我来说，刘文典先生是一位高山仰止式的人物，但虽然在云大工作，接触毕竟不多，有关刘先生的轶闻，记得起的也只是点点滴滴：

第一件事是：1945 年“七七”抗战八周年，晚上云大学生请刘先生在泽清堂演讲。我听说刘先生在泽清堂讲“卢沟桥事变”，就跑去听。到了泽清堂看见里面已经挤满了学生，我就站在窗子外面听。见刘先生身着灰色长衫，体貌清瘦，戴着一副黑框眼镜，坐在讲台上发表演说。记得他说：“七七”事变发生地卢沟桥战前他去过，是一座很有名的石拱桥，有清乾隆帝题写“卢沟晓月”的石碑，桥上有雕刻精美的各种形态的大小石狮数百个，其数量之多，没有人能数得清。先生讲了一个多小时，讲完后，是满堂热烈的掌声，当时我一个 15 岁的半大孩子，是抱着一种好奇心去的，他讲的其他内容，什么也没有记住，印象最深刻的就这么一点点。解放后，我因公多次出差去北京，每一次都想到卢沟桥去数一数那里的石狮子，印证一下刘先生说的“没有人能数得清”这句话，但终因没有时间未去成。后来我查字典，得知卢沟桥上有精刻石雕 485 个，这么多的石狮子，谁能数得清啊！先生当年讲的一点不夸张。

其二，1945 年 12 月 1 日，昆明发生震惊中外的“一二·一”惨案，国立西南联合大学、云南大学等高校学生罢课，抗议国民党当局的暴行。云大校长熊庆来迫于上面的压力，不得不请刘文典帮他写了《劝学生复课书》《再劝学生复课书》两篇文章。我觉得熊校长请他写这样的文章，他是很为难的，但为了报答熊校长的知遇之恩，他也不得不勉为其难了。这两篇文章用熊庆来的名义，由云大印刷散发，我仅仅记得文章开头的一两句。第一篇的开头是：“慨自抗战军兴以来，生灵涂炭，庐舍为墟……”第二篇的开头是：“弦歌中辍，已逾半月……”两篇文章都比较长、中心意思是学生任何时候都要以读书为重，不能长期罢课，问题还是要谈判解决。文书组的一些先生看后都说，这肯定是出自刘文典的手笔。到了 1952 年云大思想改造运动时，刘先生说过，《劝学生复课书》是他为熊庆来作的。

其三，个性倔强的刘文典之所以能够听从熊庆来的安排写这样的“奉命作文”，有一个重要的缘由：熊庆来对他有知遇之恩。近年发现的史料，更证明了这点。1943 年 8 月，离开西南联大的刘文典独自在边陲小镇磨黑教书，正是他困窘之时，熊庆来寄来了邀请函、这封信全文如下：

叔雅先生史席：

久违道范，仰止良殷。弟忝长云大以来，时思于此养成浓厚之学术空气，以求促进西南文化。乃努力经年，尚少效果，每以为憾。尝思欲于学术之讲求，开一新风气，必赖大师。有大师而未能久，则影响亦必不深。贤者怀抱绝学，倘能在此初立基础之学府，作一较长时间之讲授，则必于西南文化上成光灿之一页。用敢恳切借重，敦聘台端任本校文史系龙氏讲座教授，月支薪俸六百元，研究补助费三百六十元，又讲座津贴一千元，教部米贴及生活补助费照加。素识贤者以荷负国家文化教育为职志，务祈俯鉴诚意，惠然应允，幸甚幸甚。附上聘书一份，至希察存。何日命驾来昆，并请赐示，以便欢迓。专此布达，敬请道祺。

弟熊庆来

八月二十一日

其四，1948 年 1 月，熊庆来在学校经费短缺，物价暴涨，办学条件十分困难的情况下，拨出经费让云大出版组用石印，为刘先生出版了他的专著《说苑斠补》一书，熊庆来亲笔题写书名，此书是国立云南大学丛书之一。我得知出书的消息后，就到出版组买了一本，珍藏至今，已整整 60 个年头了。

《说苑》一书，为西汉刘向所撰，原为二十卷，到北宋时仅存五篇。北宋曾巩序云：“刘向所序《说苑》二十篇。《崇文总目》云：今存者五篇，余皆亡。臣从士大夫间得之者十有五篇，与旧为二十篇。”本书内分君道、臣术、建本、立节等二十卷，分类纂辑先秦至汉史事，杂以议论，阐明兴衰成败、修齐治平的儒家政治思想、伦理观念。此书历经两千多年的传抄、翻刻，文字出现错讹、缺失，举不胜举，校补这样十五六万字的古籍，只有当你阅读本书时，才能感受到其任务是何等艰巨。只有刘先生这样的大师，又具有坚韧不拔的超常毅力，才能够完成。无人能够知道刘先生在这部著作中耗费了多少心血，但我们能知道刘先生在这部著作中，他对祖国的文化事业所作出的奉献将是不朽的。

解放后，1953 年 8 月，我从四川大学西南高校行干班结业返校，从秘书科调到图书馆做管理员。我与昆明从前有名的富商王炽的侄子王俊图管理参考室，这个参考室设在学校大门对面的老幼儿园，现在的翠湖北路“1923”。图书馆在参考室专门为刘先生设了一间研究室，搬去一些古籍，主要是二十四史，请刘先生为二十四史断句标点，并为他专门买来朱砂、朱笔供批点之用。李先生因为教学工作很忙，我只记得他断断续续来过不多的几次，没有固定的时间，他批点了哪几部史书，我没有见过。因为忙于自己的业务，他来去我都只和他打个招呼而已。

与刘先生的一次接触是 1954 年的一天上午，图书馆请他给全体人员讲了一次版本目录学常识课，地点是在会泽院二楼东边的古籍书库。他不带任何讲稿，讲了“典”字和“册”字的由来及字形的变化发展，约一小时，他说：“以后有时间再给大家讲讲。”但以后再也没有见他来。这是我唯一的一次与刘先生的亲近接触。我们也能理解，先生要上课，搞他的科研，参加社会活动，加上连年不断的各种“运动”，他哪里还有时间来呢？

到 1958 年 7 月，听说刘先生已经去世了。与先生同在一个学校，但他什么时候去世，我竟然一点消息都不知道，而是过了好几天，听别人说起才知道的。当时学校里各单位的运动正“轰轰烈烈”，谁会注意一位教授的悄然离去！

1985 年，当我得到刘先生这份“检查”时，离先生过世已近 28 个年头。中文系整改领导小组印发的《我的初步检查》的“说明”部分写道：“通过别人揭发的材料，就足以‘说明’刘先生的问题是很严重的。他的反动的、白色的、灰色的、黄色的思想，贯穿在全部言行中。因此，在中文系起了不可估量的危害……”在第二次检查的说明中又写道：“这次检查，对于刘先生的问题的严重性说来，还是远远不够的……”要刘先生“进一步深入检查”。人们从这些说明中，仍然感受得到当年中文系对刘先生攻击的火力是何等猛烈。

两次检查都没有注明书写时间，但我们都知道，云大开展的“整风交心运动”的时间，是 1958 年的 5、6、7 月，先生写的检查自然是这段时间之内。当时刘文典先生时常吐血，已查出患有肺癌，重病缠身，体质极度虚弱，连路都不能走了，但还要去接受不分白天黑夜的连续批判，做检查，身心备受摧残与磨难，终因心力交瘁，于 1958 年 7 月 15 日黯然离开人世。他终于从那无尽无休的揭发、检查、批判、斗争的煎熬中得到了解脱！

刘文典的两次检查，能完整地留存下来，既是珍贵的历史文献，又是历史的见证，检查中他不得不“把自己臭骂一通”，又以检查的方式讲了很多真话。俄罗斯伟大作家索尔仁尼琴有一句名言：“一句真话能比整个世界的分量还重。”在这里，并没有要把刘文典比之于索氏的意思，只是把刘文典的检查公之于世，让对刘文典的检查感兴趣或关心他的人们更好地了解这位国学大师，在生命的最后时刻，他说了些什么，哪怕他说的只有一句是真话，其分量不是值得人们很好地去掂量吗？

（辑自 2009 年第 2 期《云南文史》）

我记忆中的刘文典先生[①]

蔺若连　口述　刘明章　整理

五十年代的云南大学师资力量雄厚，人才济济，许多有名的教授在校任教。当时的云大真算得上是一所国内知名度很高的高等学府。

一九五六年我有幸考上云大物理系，兴奋之情，溢于言表。进校以后，听高年级同学介绍，得知在学校一大批有名望的教授中，有一位特别引人注目、颇负盛名的全省唯一的一位一级教授，他就是刘文典先生。

在学校里，我们的宿舍在学校北院。而刘老先生的住房，就在我们上下课必经的路边。所以，我们经常在路上遇到刘老先生。虽然我们不是文史系的学生，但在我们心中，他不仅是一位全国政协委员，更是一位学界泰斗，是云大的骄傲。每逢遇到他时，崇敬之情油然而生，总是毕恭毕敬地向他点头致意。在校几年里，从高年级同学口中和学校校刊上，耳闻目睹了一些有关刘老先生的轶事。

① 口述者系云南省昆明市贵金属研究所高级工程师。

一、刘文典先生和鲁迅

大家都知道解放以后鲁迅在中国文学界的地位很高。听中文系的同学说，刘文典先生在一次纪念鲁迅的会上讲话中得罪了鲁迅，为此曾受到批评。他后来在一篇回忆文章中介绍了当时的一些情况：文章谈到鲁迅是众所追崇的革命文学家，解放前夕，云大召开了一次鲁迅先生纪念会，因为刘老先生和鲁迅都曾留学日本，俩人又是著名国学大师章太炎的门生，而且在北大又是同事，介绍鲁迅先生的人选非刘文典先生莫属，于是请他在纪念会上作介绍鲁迅先生的报告。刘老先生在报告中对鲁迅的评价很高。说到鲁迅的作品《狂人日记》《阿 Q 正传》《呐喊》和《彷徨》等是伟大、不朽的作品，而对鲁迅的一些杂文则提出不同的看法，比如鲁迅的《论费厄泼赖（Fair plag）应该缓行》中，对打落水狗的提法，认为似乎过于极端。照鲁迅先生的意思，如果我们被狗咬了，也一定要咬狗一口方才罢休。刘老先生的意思是对人不能太刻薄，要宽容一些，甚至把周氏兄弟之间的不和也归罪于互不宽容的例子。刘老先生的这种看法对耶错耶，只能让历史去做结论。而在当时对鲁迅敢发出这样的言词，怎么会不遭到严厉的批评呢？

二、刘文典先生和五四运动

一九五七年在云大纪念五四运动的专刊上，刘文典先生发表了一篇回忆五四运动的文章。因为他是五四运动的参与者之一，校刊编辑部特约请他撰写这篇文章。

文章记叙了他参加五四运动的经过，由于当时内政腐败，国际上受帝国主义欺辱，热血青年上街游行、请愿，开始时，他在北大校园里喝茶、看书。有一天，他到教务处，听到关于学生上街游行请愿的事，有些老师对此认为学生应好好读书，不应过问这些国家大事。刘老先生听到后十分气愤，认为国家兴亡、匹夫有责，他立刻参加到这场运动之中，并联合其他有正义感的教师，支持青年学生的斗争。在北大，在这场运动中“一马二刘”是很有威信和很有名气的。“一马”是指马寅初，“二刘”是指刘半农和刘文典。在文章最后，刘老先生很谦虚地承认现在自己是落伍啦！真所谓好汉不提当年勇！

三、刘文典先生在云大的最后岁月

反右运动之初，刘老先生没有受到太多冲击，更没被划为右派，这大概与他在国内外名声太大有关吧。虽然当年还没有像文革时期那样所谓的“反动学术权威”“臭老九”的称呼，但在云大中文系一些比较“左”的同事的眼中，刘老先生被他们视为“又臭又硬的石头”。于是反右后期他就受到公开批判。当年在云大校刊上发表有几篇批判刘老先生的文章。其中一篇的题目是《刘文典先生如是说》，批判材料多半是来自刘文典先生几首旧体诗以及对它们的分析。听说刘文典先生喜欢写一些旧体诗，多为感怀之作。有时上课时，高兴就会让人抄写在黑板上，让学生欣赏。有些被别人抄录，在批判文章上引用，如“而今不卖《长门赋》，且向昆明写《洛神》”，批判者说，刘老先生当年为蒋介石撰写六十寿序，为原昆明市长庾晋侯妻子写墓志铭，非卖又而何？又说，你把京剧和滇剧演员称之为“洛神”，是对新中国演员的侮辱。这里所说演员，特别是女演员，他们从小学戏，文化程度不高，每当她们演古戏时，就要向刘文典先生请教剧中的历史，甚至历代的服饰等，而刘老先生酷爱京剧和滇剧，经常与这些演员往来，这些也成了他们批判刘文典先生的“炮弹”。

为了批判的需要，别有用心的人还不择手段搜寻“炮弹”。刘文典先生到京参加全国政协会议，受到毛泽东的接见，他看到毛泽东红光满面、身体魁伟、形象丰满时，禁不住发出“龙形虎骨”的感叹。这本来是表达他对领袖的尊重，竟被称之为诋毁毛泽东形象的“证据”，说什么“龙形虎骨”指的是帝王形象，将毛泽东说成是帝王，成了刘文典先生又一罪状。

一九五七到一九五八年间，刘文典先生经历了这一系列的批判与冲击，加之年迈多病，不久就溘然与世长辞了。

（稿件由刘平章先生提供）

刘文典语妙千秋①

程靖宇

北伐成功后，安徽大学因闹风潮，蒋总司令为查问该校情况，使人招其校长刘文典见面，刘一见蒋即指而问之曰："你就是蒋介石么?"蒋大以为奇，乃责其主持不当，致风潮愈闹愈大。刘当面大发雷霆，指指点点，数而骂之，使左右皆捏一把汗，终以"暂予羁押"结束焉。

当刘文典之入狱也，章太炎、吴稚晖等皆力为关说，而太炎尤卖力，亲去见蒋保之，乃撤职获释了事。刘既获释，去上海向太炎道谢，太炎笑问之曰："听说你当面骂了他一顿，可是当真?"刘气犹愤愤不平，站起身来，旋说旋摹仿当时冲突之情形，然后自认曰："我完全用的是击鼓骂曹的步法!"太炎大笑，且激赏之至，遂即书一联为赠，惜余已忘之，惟忆其下联为"击鼓堪称祢正平"。刘为早岁留东学生，

① 作者系香港知名作家，笔名今圣叹。毕业于北平汇文学理科，曾受业于陈寅恪先生，后参与创办香港崇基学院。

以受业于仪征刘师培，得刘之正传，故于吾国古文学称独步，与太炎之关系，介乎师与友之间。太炎不轻许人以学问，而于叔雅师则惜之重之，盖刘于吾国汉魏晋南北朝文学与晚唐词并庄子之学，在刘师培之后，称海内一人也。

其于庄子之学也功甚大，陈寅恪先生尝为之序，此书十年前余在商务书馆犹见之，以价过昂未能重置，至今憾憾。庄子之学，历代注而笺之者，大有人在，然皆不能守“知之为知之，不知为不知”之训，寅恪师之赞刘之庄子，独揭出此点，盖深服之也。刘既卸安徽大学校长任，适清华改大学，即北上任教，清华之中文系得以挺然不坠者，赖刘与陈寅老之力甚大。刘主讲之课，系轮年开班，有“中国古代大文豪之研究”中之庄子、曹植，及晚唐“温飞卿与李义山”“昭明文选”。

其讲李义山“锦瑟无端五十弦”一诗，发挥考据与欣赏至每周二时，讲四周始毕其事。其讲《文选》也，一年之中，不过二三篇文章耳，而必讲陆机之《文赋》，且至少亦须两个月讲毕。尝于某句某字誉之曰：“《文赋》有许多种讲法，讲一年亦可，讲一月亦可。例如此句此字，真乃一字千金，古人与我非亲非故，我何必如此捧之?”其讲温李之诗，各占半年，而必向学生大骂新诗人乃至新文学作家，对诸生曰：“他们不似你们幸运，你们今天在这里读书，政府请了我来教你们，他们可怜，他们幼年失学。世界上只有幼年失学的人最可怜。”语未毕，而学生已哄堂大笑矣。彼因自通英法意三种西文，故早岁译著亦多，又尝对诸生骂近代翻译家曰：“彼等将原书置于右，将稿纸置于前，将吋半小本字典置于左，翻一个字，译一个字，请问如此译笔，尚成何话说？其中国文佳者，则凑而成文，但求圆而成之，与洋人之原意，相去不啻十万八千里也。”

此公为吾国头号招牌教授中之嗜鸦片烟者，当战时迁云南，云南以

“云土”著名，公嗜之尤甚。故午后方起床，四时以后夕阳西下始上课，而在课堂上则携香烟一罐，且吸且讲。长衫拖地，相貌清瘦，御老花镜，十指皆烟渍，笔者尝呼之为刘孔夫子。虽如是，课堂中每次必挤到水泄不通。当日寇之狂炸也，彼尝谓学生曰：“警报来了，一定要跑。我穷甚，亦必借钱坐车逃出城外。你们知道，我还没有尽传所学给你们，如果我被炸死，中国文化就被炸去一块了。没了中国文化，日本人更会猖狂了。所以一定要跑警报！”其文章宗魏晋，颇与清之阳湖派有渊源，诗则宗晚唐，艳而富，丽而则者也。待人之情最厚，途中相遇，必先学生停步，还礼鞠躬之度数甚深。讲一口安徽江北话，音甚细微，坐第五排以后之人已难听到，故虽挤满一二百人，亦必肃静能闻坠针之声，然太爱说诙谐话，冷隽幽默，时引人作大笑，故在一静一喧之间，如听杨小楼之戏，至足欣赏受用，而犹嫌不足也。光复时，不欲离滇，尝云：“天下尚未定，何必逃两次难。”不幸而言中，悲夫。

余虽乘危远迈，偷生篱下，然于吾之授业恩师未尝一日或忘，刘叔雅大师为首五位之一也。既话先生之“语妙千秋”矣，今请一述先生之古典文学以外之造诣，余不知先生是否尚在人间，盖先生因病，早岁“奉旨”吸烟，解放后冯友兰、贺麟诸氏皆“下放”农村土改，或学习用小风炉炼钢，则叔雅先生自亦不免，如此则或已福寿全归也欤？

先生于汉魏两晋文章，与刘师培系出一脉，以清末民初论，则为湘绮以后第一人，所不同者，湘绮不论诗文，皆能动手创作，成一家言；而二刘则创作诗文少，研究心得特多耳。叔雅先生尝居四季如春之昆明文林街陋巷一花园中，烟榻横陈，藉烟灯阅书不辍，余尝于某夜陪侍“过烟瘾”。此为吸鸦片者之术语，盖指床中置烟具燃灯，两侧睡人，就此德国晶体玻璃罩之灯光，或聊天或论学，别饶奇趣，而不烧烟也。余尝戏改古诗曰：“云土无情摧白发，满城风雨度重阳。”盖师两鬓萧萧，犹诲人不倦也。忆是日午后为某学会请先生公开演讲《红楼梦》，先生之于“红学”也，固别有所见，以为“水流花谢两无情”，花指花袭人，“薛”“谢”谐音，指八十回后佚稿确曾为宝玉元配之薛宝钗也。余少年无知，甚不以“薛”“谢”谐音为然，师大量不以为忤，即引《红楼梦》书中林黛玉教香菱作诗之言曰：“正要讲究讨论，方能长进，你且说来我听。”余笑曰：“窃以为红楼一书，实吾国千古第一部三角恋爱小说，以木石姻缘前生，以金玉因缘今世。故宝玉之‘宝’冠钗之名首，以宝玉之‘玉’，奠黛玉名字之基，竟[①]在宝玉有一半属钗，一半属黛也。从另一方面看，宝玉之取名，实集钗黛二人而成，作者于主角两女一男之名字，甚不苟且，故知薛非无情者，宝玉之于薛，书中屡屡言其情动，师亦以为然否？”先生聆毕颇奖勉，笑曰：“今天下午你在听讲后大家讨论之时，何以不将此意公诸同好？”余赧然曰：“不敢多嘴，亦没胆量说话也。”先生于庄子既是专家，故论红楼，特提出宝玉引庄子续南华之言，以为是用道家之说证明人生短暂，月不常圆，与佛家色即是空，有相需相成印证之妙。又以吾国到陆机作《文赋》，始有极其逻辑的论文章方法与文学批评，故《文赋》一篇，直与一部《文心雕龙》并美，只须精研此一文一书，便于吾国之文章学，思过半矣。

好古为吾国士大夫之通尚，师尝搜购明末清初秦淮八美之画，既集其七矣，而独少一顾横波之手迹。偶于天津遇一山西商贾，居然藏有横波之工笔美人二三幅，几经介绍，始获一赏，欲购之，此老西儿（京语称山西商人之谓，含有犹太之意）最多金，出重价至三百现银亦不能动其心，欲以他画易之，而彼又无所欲，万般无奈，乃怏怏放弃此一机会。尝填一词，备道相思之苦，用词奇艳，惜所录已佚。先生笑语予曰：“知之者，

---

① 编者注：原文如此，疑为“意”。

知我为顾横波一画；不知者，以为予有美人之思，狎邪之念。可见古今诗人，有几多蒙冤不白者，盖后世人之附会也。”

先生性好骂人，北语称为“骂街”，实则师心地最醇厚，待人接物，极其可亲，特被骂者非人也。某次清华开教授会，朱自清提出某某应晋级教授。先生闻之觉天下无如此荒唐之事，乃离席指朱问之曰：“如果某人当教授，你请我去哪里？置陈寅老于何地？必先请当局给我两个设法谋一条出路，然后可以语此。”朱与某皆大窘，经冯友兰调解，先生始息怒。尝笑对人曰：“他校吾不敢知，吾清华文科实只两个半教授。”人或问之曰：“请示所知，哪两个半？”先生笑曰：“寅恪一个，友兰一个，我半个也。”后有笑先生亦甚世故者，盖冯原为清华之文学院长，故特列之也。为习第二外国语，有叩先生意见者，先生叹曰：“方余之留东也，习法意文系极简陋之《和法字典》，其时尚无《和意字典》出版。吾国至宣统二年，始有邝富灼之《英华大辞典》较完备，以今日所出视之，亦嫌简明，然早期吾华学生之读写能力皆较尔等为佳，可见工具愈方便人愈懒惰，一如今之有汽车然，人之两腿反退化矣。”斯言也，余未尝一日或忘，惜治学之毅力，深以为愧耳。

前辈师表与今之师表，有一判然不同之处，即师生之间毫无功利可言，尤以专做学问者为尤不计功利。

（辑自程靖宇《新文学家回想录》，台湾文海出版社 1983 年版）

第四辑 书边余墨

《淮南子》

梁启超

《淮南鸿烈》为西汉道家言之渊府，其书博大而有条贯，汉人著述中第一流也。有东汉高诱注，亦注家最善者；许慎亦尝注之，今劖入高注本。清儒首治此书者为庄伯鸿（逵吉），当乾隆末，用道藏本校俗本，而以案语申己见，虽名校实兼注也。（浙刻二十二子所采即此本）自庄书出，而诵习本书者认为唯一之善本，盖百余年。然同时卢抱经别有拾校。嘉庆间则王石臞、伯申父子之《读淮南内篇杂志》二十二卷出，亦以道藏本为主，参以群书所引，订正俗本九百余条；书既成，而顾涧苹以所得宋本新校各条示之，伯申得辑为《补遗》一卷。同时陈观楼（昌齐）著《淮南子正误》十二卷，石臞亟称之，（见石臞集中《赐书搂集序》。此书在《赐书楼丛书》中，吾未见。又胡澍有《淮南子校义》，亦未见。）又刘端临（台拱）、王南陔（绍兰）亦有断片的发明。在晚清则有俞荫甫《淮南内篇平议》四卷，有陶子珍（方琦）《淮南许注异同诂》若干卷，而孙仲容亦间有札记。

经诸家校理之后，书中微文辟义盖已十得八九。最近则刘叔雅（文典）著《淮南鸿烈集解》二十一卷，（民国十年刻成），博采先辈之说，（刘端临、陈观楼、胡荄甫之书皆未见征引。）参以己所心得，又从《御览》《选注》等书采辑佚文佚注甚备，价值足与王氏《荀子集解》相埒。《淮南》单篇之训释，则有钱溉亭（塘）之《淮南天文训补注》，以高诱不通天文学，所注多疏舛，故补正之。

（辑自梁启超《中国近三百年学术史》，上海三联书店 2006 版）

《淮南鸿烈集解》初印象①

胡　适

刘叔雅（文典）近来费了一年多的工夫，把《淮南子》整理了一遍，做成《淮南鸿烈集解》一部大书。今天他带来给我看，我略翻几处，即知他确然费了一番很严密的工夫。他把各类书中引此书的句子，都抄出来，逐句寻出他的“娘家”。如《太平御览》中引的凡一千零二十六条，《文选注》引的凡五百余条，即此两项已费了不少的日力。凡清代校勘此书之诸家，皆广为搜辑。他自己也随时参加一点校语，以校勘为限，不涉及主观的见解。他用的方法极精密，——几乎有机械的谨严，——故能逼榨出许多前人不能见到的新发现。例如卷四《墬形训》云：

无角者膏而无前，有角者指而无后。

① 题目为编者所拟。此为胡适日记，写于1921年9月24日。

高诱注云：

膏，豕也，熊猿之属；无前，肥从前起也。指，牛羊麋之属；无后，肥从后起也。

庄逵吉云：

指应作脂，见《周礼》注，所谓“戴角者脂，无角者膏”是也。
又王肃《家语注》引本书正作脂。

叔雅校云：

文典谨按，庄校是也。《御览》八百六十四脂膏条下，八百九十九牛中引，指并作脂，是其确证。又“无前无后”，义不可通。“无”疑当作“兑”，始讹为“无”，传写又讹为“无”耳。《御览》八百九十九引，正作“兑前兑后”，又注云，“豕马之属前小，牛羊后小”，是其证矣。前小即兑前，后小即兑后也。（兑即锐）

此一条家法森严，可例其余。我且再举一条。卷四又云：“食水者善游能寒”，校云：

文典谨按，能读曰耐。《汉书·赵充国传》“汉马不能冬”，师古曰，“能读曰耐”，是其比也。

下句云：“食土者无心而慧。”（高注：蚯蚓之属是也。）俞樾云：

蚯蚓之属何慧之有？《大戴记·易本命篇》作无心而不息。卢辩注曰，“蚯蚓之属不气息也”。此文慧字疑亦不息二字之误。

校云：

文典谨按，俞说未谛。此本作“食土者无心不慧”。《御览》九百四十四引，正作“食土者无心不惠”。惠慧古通用。

此校不但可正俞校，又可并正《大戴记》。

叔雅，合肥人，天资甚高，作旧体文及白话文皆可诵。北大国文部能拿起笔来作文的人甚少，以我所知，只有叔雅与玄同两人罢了。叔雅性最懒，不意他竟能发愤下此死工夫，作此一部可以不朽之作！

（辑自曹伯言整理《胡适日记全编》第3卷，安徽教育出版社2001年版）

《与刘叔雅论国文试题书》附记

陈寅恪

三十余年前，叔雅先生任清华大学国文系主任。一日过寅恪曰，大学入学考期甚近，请代拟试题。时寅恪已定次日赴北戴河休养，遂匆匆草就普通国文试题，题为《梦游清华园记》。盖曾游清华园者，可以写实；未游清华园者，可以想象。此即赵彦卫《云麓漫钞》玖所谓行卷可以观史才、诗笔、议论之意。若应试者不被录取，则成一游园惊梦也。一笑！其对子之题为“孙行者”，因苏东坡诗有“前生恐是卢行者，后学过呼韩退之”一联（见《东坡后集》柒《赠虔州术士谢（晋臣）君》七律）。“韩卢”为犬名（见《战国策》拾《齐策》叁“齐欲伐魏”条及《史记》柒玖《范雎传》），“行”与“退”皆步履进退之动词，“者”与“之”俱为虚字。东坡此联可称极中国对仗文学之能事。冯应榴《苏文忠诗注》肆伍未知“韩卢”为犬名，岂偶失检耶？抑更有可言者，寅恪所以以“孙行者”为对子之题者，实欲应试者以“胡适之”对“孙行者”。盖猢狲乃猿猴，而“行者”与“适之”意义音韵皆可相对，此不过一时故作狡猾耳。又正反合之说，当时惟冯友兰君一人能通解者。盖冯君熟研西洋哲学，复新游苏联返国故也。今日冯君尚健在，而刘、胡并登鬼录，思之不禁惘然！是更一游园惊梦矣。一九六五年岁次乙巳五月，七十六叟陈寅恪识。

（辑自陈寅恪《金明馆丛稿二稿》，上海古籍出版社 1980 年版）

读刘译《荒木贞夫告全日本国民书》①

吴景贤

刘叔雅先生（文典），最近译了一本《日本陆军大臣荒木贞夫告全日本国民书》。在刘先生的学术研究中，虽然不是主要的贡献，但对于我国的目前社会，实有唤醒群众的伟大力量。——像给予了国人一面镜子，使大家深切的看出自己的弱点，能够奋发振作的去自救。

说来真是可怜，当敌人的炮火刀光，刺激到我们的耳目的时候，我们才有片刻的惊惧；一等到那强烈的刺激暂时的停息——虽然是暂时的停息，大家又像把过去的一切危险都放到九霄云外，依然恢复醉生梦死的故态，诚如荒木所说的“人造的机器人”一般，对于站在身旁日夜不息的打算怎样宰割我们的行动，丝毫也没有感动，这是怎样麻木的一种现象呢?！不怪有人曾说：“中国不亡，是无天理”。证诸实际，

① 作者系安徽合肥人，原名吴尚礼，曾任安徽省立图书馆馆员及馆主任。新中国成立后，先后在西南师范学院、四川师范学院、南充师范学院等校任教。

的确使人有这样的感觉。

相反的，我们看看日本人的态度。他们对着我国，对着东亚，对着世界，都是一贯的取着他们自己所谓“发扬皇道”，而实际上便是蛮干的野心。姑不问这种野心，对于世界人类的影响如何，但首当其冲的我国，若无正当的自救方法，第一次受其祸殃的，当然临不到别人。

在荒木这本《告全日本国民书》之中，自首至尾，有一条像火龙一般的闪烁的光芒，那便是上面所说的那种蛮干的野心。他要把这种蛮干的野心，灌注到全日本国民的头脑里去，好一致贯彻他的蛮干的主张。并且，第一步的干法便从中国下手。满洲事变，即是他的这种蛮干工作的开始。

使我们不可轻忽的，是日本人的野心，犹超出我们想象以外的。他们否认那蛮干是为着功利关系，或是唯物观念的。原书第一章中，荒木说他和我国西山会议派的人们一段谈话，最能表现这种态度。他说西山会议派的人们口中曾对他表示过这样的意思：

“日本是苦于粮食问题、人口问题无从解决罢。我们中国给你们粮食好了，替你们谋人口的出路好了。但求你们日本对我们中国的态度略微改变一点，放亲善些罢。纵不说是奉我们为师，也要请你们心目中把中国当作个衣之食之的生活本源才是。”

荒木回答着说：

“这真是承你们的一番好意，多谢！多谢！吃饭的事我们自己还勉强办得来，不敢烦你们操心。中日的亲善，并非单是日本粮食不够的时候，才发生问题，要请你我诸位睁开眼来看看东洋的大势是何情状，至于日本人有没有饭吃，我们无论如何自己总会想办法的。就是没有米，我们也会想方法制造的。……日本自古以来就养成‘武士谋道不谋食’的思想。以这样唯物的官念来看中日问题，那未免太糟了。从更高更大的处所着眼，去观察中日关系，岂不好么？”

在这对话里面，荒木虽不免强自辩护，妄发夸大狂言，但也正表现出他那无餍的野心。反过来看看国人苟安的态度，有求必应，只要人家“态度略微改变一点”，使我们可以苟安片时，即使丧权辱国，割让土地，均是在所不惜。两相比较，不禁令人羞愧欲死！

再看他对于我们国家的批评如何，该书第二章说道：

“最邻近的中国，是二十年来祸乱相寻，还未有一个能统一的中央政府，全然没有备具一个国家的实体。”

看啊，我们自己虽然时时觉得是一个堂皇的中国国民，但在日本人的眼中，他已经根本不承认我们国家有独立的人格了！这难道是我们所能缄默忍受的吗？但是，我们又将怎样去申辩呢？虽然自从十七年国民革命军北伐成功以后，我们已经有了统一的中央政府；但因为少数军事政治领袖们的意见纷歧，以致时常演出许多花样。拿目前的局面来说，华北险象似乎才稍安定，而南方风云又起，福州的人民政府，不是又与南京中央政府互相对峙了吗？此外明争暗斗的事实，更是充满了国内。日本人的口实，也不是完全没有根据的。追究起来，还不是咎由自取吗？所以当此国家多难的时际，做老百姓的固然应当急起奋发，身作军事政治领袖的人们，尤其应当自爱一点，对于民族国家的前途，不说寤寐不忘，也要稍稍顾念及之。否则，只有承认了自己的国家是个“全然没有备具一个国家的实体”了。同时也就不要再喊着什么“救国呀！”“反抗呀！”的口号，只等着灭亡的来到罢！

另外，他又在中国古书中，找出了一段，用来比较中国人与日本人的国家观念。第十一章中，他引了孟子书里的“滕文公问曰”一章，说明中国人对于国家，虽然有时也主张“效死物去”，[①] 但同时也可以把土地轻轻

---

① 编者注：应为“效死勿去”。

的让人。至于日本人呢？他说那是完全不然的。他说他们祖上遗传下来的思想，是抱定："天神，天子，国土，人民，都合为一体，不可分离的。"他这些话语，也似乎不是没有根据的。我们且看在九一八东北事变的时候，我们的东北军事政治当局们，当敌人炮火袭击来的时候，始则取着"不抵抗主义"，继之以爬山踰巅的逃跑，最后还不要向国人粉饰掩蔽，不是自居"大王去邠"的"不得已"态度吗？我们所以说出这样的话，并不是对于日本那种极端的国家主义思想，存着什么信仰，只不过觉得我们自己的态度，为什么这样极端的可怜呢?!

荒木大声疾呼的喊道："日本国民呵！须得有魂!"这所谓"魂"，当然便是他们所常说的"大和魂"了。也就是他们所提倡的"武士道精神"。这种"魂"与"精神"的具体解释，据他自己说，便是他们传国三种神器——宝镜、曲玉、丛云宝剑——的象征：公明，仁爱，勇断。他要全国的国民，都本着这三种精神，向外发展，无尽止的发展。在目前的世界上，英国是欧洲的王国，美国是美洲的雄长，亚洲的一切，是应该操之于神国日本的手里的。这种观念便是他所要的日本国民应该有的"魂"。不幸的很，我们中国的国民有的是什么魂呢？充满着社会中的，恐怕正多着像荒木所说的"人造的机器人"，不能有一点的觉悟，只是昏瞶的过着将要断绝的日子！

在荒木这本《告国民书》中，所表现的思想，当然只是一个不识世界潮流的赳赳武夫。不存成见的批评一句，实在是落伍到地的。他的脑海中只有"神国"和"天皇"，日夜思念的只是怎样去"宣扬皇道"和"扶翼皇猷"。他自己这样想着干着，又要全国军人也这样想着干着，并且还更要全国上下官吏国民一致的这样随着想着干着。他在第十一章第九节《为什么而读书呢?》里面说道：

"敕谕上有'尔等尚其果扶翼皇猷之大任'的话。这不独说是军人，所有一切的日本国民都应该凛遵这句天语。为要实行这句话而读各种的书。读着完成自己的人格，不可不期其实行。一味的钻故里，被书本子困住了也不好。读论语就变成论语式的人，读圣经就变成圣经式的人，那也不好。务必要读着论语想着何以果扶翼皇猷之大任。学着苏格拉底，想着何以尽扶翼皇猷之重任。读法华经也好，读耶稣圣经也好，都不可不是为此而读的。读了马克斯的书就变成马克斯主义者，讴歌苏俄，那就不对了。虽是读了马克斯的书，也还全是为扶翼皇猷之用的，那才是日本人。”

在他的思想中，是绝对没有个人的人格，一切的行动——不仅读书，都是为着国家。他这种态度，在日本的知识阶级看去，固然也是和我们外国人一样的觉得可笑，是不会对他们行动上发生多大影响的，但对那些知识简单思想顽固的日本军人，实在有很大的煽动性。我们不要因为他的思想落后，因睥睨的心理而对他轻忽，那便上了他的大当了，我们要知道，现在日本的政权，名义上虽拥护了一个天皇，实际上完全操纵在军阀手里。这固然是由于他们互相利用了对方的弱点而成此畸形的局面，但日本军人的行动是绝对不受一切力量限制的。所以荒木的思想言语行动，不仅是代表他个人或军人一个阶级的思想言语行动，实足以代表那个暴力团体——日本的总意识。并且这个暴力团体的思想，虽然这样落伍，但他们所用的武器，却是十分现代化的。这是译者翻译这本书所要国人应该注意之点，也是在下不惮烦的重在这里介绍的动机。

最后，我们对于刘先生翻译这本书的深刻用意，非常表示崇敬；对于刘先生生动的译笔，同时也感到很大的钦佩！当读者展读这本书时，不但受到书内情绪的热烈鼓动，并且也被那生动的译笔引导着不忍释手。希望我们中国国民——尤其是有作为的青年们，都能一读此书。

书的内容，共分十二章，每章分若干小节。兹将每章要目，抄录于下：第一章，现代日本之急务；第二章，告全国民；第三章，胜利！不然则死；第四章，痛苦的赤字和快乐的赤字；第五章，日本国民啊须得有魂；第六章，空前绝后的好机会；第七章，皇军的真精神；第八章，宣扬皇道；第九章，日本国民之觉悟；第十章，日本民族之真使命；第十一章，说伟人；第十二章，说名将。译本全书共计一百二十余页，由天津大公报馆发行，定价四角。

（辑自 1933 年 12 月 15 日《学风》第 3 卷第 10 期）

刘先生治《庄子》的方法①

徽阁

刘文典教授，字叔雅，安徽合肥县籍，少从刘申叔先生、章太炎先生学，初致力词章，有深造诣，旋转研校勘，博采王念孙父子之学。讲《庄子》，发明七篇之旨，意在救世，非尚空谈，尤为学术界所推崇。记者昨日御本报之命，前往造访，当蒙示以为学经过及治学经过，兹录如次：

我（刘先生自称）幼年在合肥读书，因先君期望之切，专延名师，教以经史，年十一二即从美国 Dr.（此处漫漶不清）学英文，十四岁而五经、左传、通鉴读完。往上海入学校，未几复返本省，肄业于安徽公学，虽日从仪征刘先生游（刘师培申叔先生），因国学毫无根柢，在同门中所学最为谫陋。十八岁毕业，因当时本省无处升学，又往上海入教会学校，

① 原题为《国立清华大学国文系教授刘文典：怎样研究国学》。作者系《大学新闻周报》记者。

以资质愚鲁一无所得，乃负笈往日本。时余杭章先生（章炳麟太炎先生）创学林社于东京，课暇时往听讲，虽曾读半部《说文》、一部《庄子》，仍未通解。辛亥归国，任范鸿仙上将记室。民国元年任《民立报》编辑兼英日文翻译。及讨袁军败，亡命沪上。端居多暇，始尽读诸子通考通志，旁及英日文哲学书。六年春任北京大学教授，嗣任清华大学教授。因北平课书甚易，讲诵多暇，乃仿依高邮王氏（父子，王念孙、王引之）方法，校理古书，积日既久，稍通途术。深致慨北洋军阀之败国乱政，日以点校群籍自遣，至今乖二十年矣。性又好博览，所涉猎之方面甚多，故无专门名家之学。近七八年兴趣转向史学，所读几全为外国人著作，日书文为尤多。虽自身百无一成，然自依据二三十年经验言之，认为求学第一须有恒心；须由博返约；须自己搜讨原料；不可以他人所著哲学史、文学史等类现成之书为依据，区区之意，如斯而已。

《庄子》是一部极有权威的古书，自汉以来，注《庄子》者不下数百家，其书存于今者亦数十余家。而因《庄子》一书太难懂的缘故，近人注《庄子》的仍是层出不穷。清代学者如王念孙、孙诒让、洪颐煊、俞曲园，都曾致力于《庄子》的研究。最为通行的还有郭广藩辑的《庄子集释》和王先谦的《庄子集解》。近人则有章太炎的《庄子解诂》、马叙伦的《庄子义证》、胡远濬的《庄子诠诂》、阮毓崧的《庄子集注稿本》等。关于《庄子》的研究，可算中国学术界一件大事了。然而这些书不能使我们满意，他们的解释有许多仍很牵强。

刘先生告诉我们，《庄子》一书，经了两千年的传抄翻印，因此文字的脱误、错简最多。其难懂在此，注疏的不能使人满意也在此。

刘先生又说，过去注《庄子》的方法，不外两种：一是顺着字面发挥，敷衍出许多道理；一是从文字训诂去解释，遇到解不通的字句，便找出些字来说是某字之假，以求解释之便利。此外能注意校勘的人虽有但总是少数。他自己治《庄子》，便多半从校勘方面去努力。

十几年前，刘先生曾费了许多手续才得到白云观住了一两月，借《道藏》中的各种《庄子》和通行本校勘，那时《道藏》还没有影印出。吃了许多苦当然有相当的收获。此外他从许多极早极好的本子，以及他书引用《庄子》的文句，来和通行本校勘。因此他得到极多极宝贵的发现，比如《庄子·天运篇》：

“风起北方，一西一东，有上彷徨。”

《庄子义证》引吴汝纶说“有读为又”，而刘先生则从“张景房本”、“唐写本”校出“有”字是“在”字之误。

《天下篇》“昔禹之湮洪水……”

《庄子义证》说：“湮借为垔，洪借为降，东侵声近，说文曰垔塞也，降水不遵道也。”刘先生则从《太平御览》八十二、六十八两卷所引及新发现之北宋“高山寺本”证明湮字系堙字之误。

《天下篇》“九杂天下之川”。刘先生校出“江南李氏本”及《太平御览》卷八二所引“杂”字系作“涤”。

此外的例证极多。

刘先生以多年的努力，虽然他现在可觅得一个唐写本的《庄子》来校勘，而他的《庄子补正》已经大体告成，将由清华大学出版。

刘先生说，他的这本书并不是集注，《庄子》根本无注可集；也不是什么新注，他自己毫无创见。他只是把《庄子》中脱漏的或错误的字句从许多地方找出原文来改正，恢复《庄子》的本来面目。他很谦逊的说这算不得什么贡献。

刘先生不仅治《庄子》。我相信经史子集四部他都极有研究。虽然他常常说不懂经学，但谁相信一位老师宿儒不曾读过十三经？音韵学和小学更不待言。史部的书籍，刘先生能背诵四史；而晋以后的各史，刘先生也极精熟。他常告诉我们文史是不能分的，治文学尤须读史书。子部呢？他今年在清华教的就有庄子、荀子、韩非子三种，而他所著的《淮南鸿烈集解》更是一部不朽的大作。他的学生许君在他指导之下也校完了一部《吕氏春秋》，其余不必谈了。至于集部，最难懂，最精微，范围最大的《文选》是他的拿手戏。而听他讲的《温飞卿词》《圆圆曲》的同学，更没有不称颂他的。

他的英日文都极精，曾译过许多东西。他虽然极不同意那些反对文言的人，而他的白话文作得极好。至于骈文，他十年前祭中山先生文、最近又作一篇范鸿仙烈士墓志铭，应该说是他的代表作。

（辑自 1935 年 5 月 7 日《大学新闻周报》第 3 卷第 10 期）

重拾起尚未忘却的记忆[①]

——受叔雅先生耳提面命的零星回忆

张文勋

一、我和叔雅先生的师生情缘

1948年秋，我考进云南大学文史系就读，当时该系已分为文和史两组，我报的是文组，即后来的中文系。在新生入学的欢迎会上，我第一次见到久闻大名的刘文典教授。按当时学校的惯例，各系在迎新会上，都要邀请系里的知名教授来和新生见面，在会泽院楼下的会场的墙上，早已有对这些教授先生们的书面介绍，所以，新同学们都怀着一种尊敬和好奇的心情，注意入场的每位先生。刘文典先生的清瘦的身影，第一次映入我的眼帘，他在掌声中向同学们微笑着招手致意，我感到肃然起敬。但是说实在的，当时我对叔雅先生的学问究竟是什么，还不甚了了，只知

① 作者系刘文典先生弟子，当代学者、作家、诗人，中华诗词学会终身名誉会长。

其名而不知其实；直到后来师从先生学习的过程中，才逐渐有些体悟。

入学后不久，还来不及认真地去听先生的课程，就奉组织派遣到云南起义部队工作，到1950年暑期才返校复学，随同新入学的一年级就读。从此以后和先生接触就多了，先后听过先生的“温李诗”“文选学”等课程。毕业后留系工作，1956年从北大进修回来，曾任系秘书，因工作关系，平时与先生接触较多。又和系里的几位青年教师，在学校为先生专设的“杜甫研究室”听先生给我们开的“小灶”，讲授内容较广泛，有“文选学”“校勘学”，也讲“杜诗”、治学方法等等。当时我已经是教师，在研究古代文论，所以对先生所讲基本都可以接受，获益良多。我的许多书如《昭明文选》《十三经注疏》等，都是那时候买的，我接受先生的教益和治学方法的影响，不仅限于课堂的传授，更多的还是在课外和先生的交谈中。我经常到先生家中问安，请教，大冷天则在先生家和先生围炉谈天，向先生请教有关典籍目录，听先生讲学术先辈们的治学趣闻。尤其是听先生讲他校《庄子》的实例，例如“庖丁解牛”中关于“生牛”、“死牛”和“全牛”的考证等类，使我敬佩不已，从中体悟到读书做学问的苦乐。随着和先生的日益亲近，得知先生二十七岁就以他校勘的力作《淮南鸿烈集解》的出版享誉学林。我已近而立之年，学术上还没有什么建树，与先生相比，甚感汗颜，所以下决心要发奋努力，争取在自己选定的学科领域中有所成就。

关于叔雅先生在学术上的成就，我自知只能望其项背而不能深解，但对其治学精神和学识的渊博，是由衷仰慕，所以也就不揣冒昧，应中国社会科学院近代史研究所的《民国人物传》编辑之约，撰写了《刘文典传》，后又在学术刊物《中国社会科学人物》上发表了《刘文典传略》，这些都是根据史实写成的人物传记，而不是道听途说的文人趣事。

但由于人物传记等的都是言之有据，而对叔雅师的言行举止、生活细节，则多保留在我的记忆之中，随着时光的流逝，有许多已淡忘了，有许多则仍然是鲜活的印象浮现在脑海中。这篇文章中所写的这些零星回忆，虽然不成系统，但都是我的亲身经历，目之所见，耳之所闻，而不是道听途说，可以这样说，我笔下出现的叔雅先生，就是我心目中的真实的叔雅先生。他的音容宛在，言犹在耳；他的一些真知灼见，还在我的脑子里闪光。

二、诗是什么

叔雅先生第一次在课堂上给学生讲“温李诗”，我怀着兴奋而又好奇的心情，准备听先生的高论。只见先生穿着半旧的长衫，端着一把小茶壶，慢步走进教室，登上讲台，坐在一把火腿椅子上，微笑着和同学们打招呼，但没有讲话，只顾喝茶，教室内安静了一会儿，先生才开始讲课，但没有直奔主题，而是问大家：“诗是什么？”稍停又说：“什么叫作诗？”众皆愕然，一时不能对答。先生笑着说：“诗者，观世音菩萨是也。”大家觉得茫然，困惑不解，请问其详。先生才慢慢解释道：“观世”就是要观世观物，要观察社会，观察事物，也就是我们今天说的体验生活。这是最主要的，像杜甫就是阅世很深的诗人。“音”就是说诗歌要有音乐美，我们中国用汉字写诗，要讲平仄，讲押韵，所谓调声协律，就是要有音乐之美。所谓“菩萨”是佛家语，就是“觉有情”的意思，写诗要对诗有特殊的悟性和情感，没有真情实感是写不好诗的。这三者是诗的三要素，缺一不可。经先生这样一解释，大家才恍然大悟，这样去解释诗，比西方诗学中的许多定义都全面而精辟。后来我本人随着学诗的深入，结合严沧浪的“以禅喻诗”的理论，对佛学也有一定的认识，才进一步感到借用“观世音菩萨”作为诗的定义，的确是一种“妙悟天开”的“慧解”。菩萨本是梵文的译音，意译有好几种，或曰“大道心众生”，或曰“觉有情”“大觉有情”，总之，它包含有“智慧”“觉悟”“有情”等意思，借用“觉有情”之意，更符合诗的本质特征。

三、汉字声韵在诗歌中的妙用

我国的古体诗，特别是格律诗，十分强调调声协律，平仄押韵，这和汉字的音韵声律分不开，所以，叔雅先生在讲授“杜诗”“温李诗”时，对诗的格律音韵十分重视，发表了许多独到的见解。他在《杜甫年谱·序》中有一段精辟的论述。他说：“至若双声叠韵，属对精工，侔色揣称，铸辞英伟。宫徵靡曼，骋八音协畅之奇；云锦缤纷，极五色相宣之妙。是犹词人之余事，壮夫所不为，非公绝诣也。”虽然说“非公绝诣”，实际上先生对杜诗的音律之美已是十分赞赏了。所以，先生在平时的教学中，对诗歌音律之美则津津乐道，情有独钟。他曾说，汉字四声在诗中的变化，可以获得音乐美的效果，诗句中之所以有平仄相间，押韵有平仄的变化，就是因为汉字四声（平、上、去、入）可以表达不同的感情。或舒缓，或低沉，或凄厉，或高昂，都可以借助四声的变化和双声叠韵之美，表现出诗中的情绪基调。所以先生在讲诗作时，总是先把全诗吟唱一遍，他用安徽桐城的腔调吟唱的诗词，果然与众不同，别具一格，虽然学生们也听不懂诗的内容，但也可以从先生的吟唱音调中感受到一种特殊的情调和韵味。先生吟唱完毕，就对学生说，你们听不懂词句的内容没关系，但你们从声调上一定可以感受到诗的感情基调了。说真的，学生们也说不上先生说的对还是不对，总感到有点玄乎。但一旦开讲诗句，随着对诗的思想内容的理解，再按先生讲的四声变化和双声叠韵的音乐性去体会，就可进一步感受全诗的感情色彩。例如他讲温飞卿的《织锦词》，开篇就是“叮咚细漏侵琼瑟，影转高梧月初出”两句，先生认为诗一开始就以入声字“瑟”和“出”起韵，而“叮咚”既是双声，又是叠韵，“初出”也是双声叠韵。接下去全诗多有双声叠韵，而入声韵则最能表现织锦女在深夜的孤寂凄清而凄切伤感的感情。又如对毛泽东的词中“往事越千年，魏武挥鞭，东临碣石有遗篇。萧瑟秋风今又是，换了人间”之句，先生也赞不绝口，吟唱再三，他认为这首词是对曹操《观沧海》诗的推陈出新，不仅意境美，而且具有音韵之美，尤其是“萧瑟秋风今又是，换了人间”一句，更是出神入化，意蕴全新，音调也很美。

四、生命短暂，艺术永恒

叔雅先生对“艺术永恒”的理论看来是深信不疑的。有一次他在讲到曹丕的《典论·论文》时，十分赞赏曹丕说的：“盖文章，经国之大业，不朽之盛事。年寿有时而尽，荣乐止乎其身，二者必至之常期，未若文章之无穷。”对人生短暂的感慨，是我国古代诗歌中常见的主题。有一次先生在课堂上讲到曹植的诗句“生存华屋处，零落归山丘”（《箜篌引》）时，闭目吟诵，感叹不已，他深信人的生命是有限的，唯有文章（包括文艺在内）才是永恒的，可以传之万世。所以他特引了西方一位哲人的名言“生命短暂，艺术永恒”，作为他的理论依据。叔雅先生的英语、日语都很好，他在黑板上用粉笔随手写出这两句话的英语原文，我的英语基础差，但是还可以把先生写的英文抄下来，记得那两句英语原文好像是“Short Life, Long Arts”，因为这是西方文艺理论中的一种流行的观点，在我国解放初期，文艺理论界盛行讲文艺的阶级性党性的年代，这种观点被认为是唯心主义的理论。但叔雅先生还是十分欣赏这些观点，在课堂上直言不讳，讲了他的见解，学生们虽然对此不置可否，但就我而言，对这种理论也是十分欣赏的。

五、对陆机《文赋》的解读

叔雅先生曾给我们开“小灶”的年轻教师，专题讲授过陆机的《文赋》，这对我来说是一次难得的机遇。因为那时我刚从北大文艺理论进修班学习回来，我回云大后，对我的专业方向作了较大的调整，由现代文学理论方向转到中国古代文论的方向。就我的专业学习和研究来说，叔雅先生给我们讲授《文赋》，真是及时雨，因为《文赋》是我研究汉魏六朝文论的重点内容之一。我去听先生讲《文赋》，自然就会很认真，而且用我新买的李善注《昭明文选》为底本，在书上记了许多叔雅先生讲课的重要见解，包括对一些文字辞语的考证。可以说随先生听课讲解之后，我才算是基本上读懂了《文赋》。

我听叔雅先生讲《文斌》，除了在文字疏通方面获益很多外，在理论的解释上，也得到很多启发。首先我印象最深的是开篇小序中说的“恒患意不称物，文不逮意”两句，先生对此作了深入解释，先生说这两句话就是《文赋》的基本思想，我根据先生的启示，把这两句话概括成陆机对创作过程的认识，列为一个公式：

物⇔意⇔文

这就是说，文学创作过程是从物到意到文的过程，反过来说，文必须逮意，意必须称物，这才是好作品。其次，先生讲到“其会意也尚巧，其遣言也贵妍。暨音声之迭代，若五色之相宣”时，旁征博引，从四声之美，讲到诗的艺术性和音乐性的关系。对此我得到的启悟更多，对我后来的诗学研究和我的诗词创作实践，都有指导意义。先生在他的

《杜甫年谱·序》中说的“云锦缤纷，极五色相宣之妙”，也就是对陆机的“暨音声之迭代，若五色之相宣”的理论的引申。再次，先生对《文赋》中的“应感之会，通塞之纪”一段的讲解也非常精彩。所谓“应感”、“通塞”就是讲创作过程中灵感来与不来的种种表现，其中描写到创作灵感阻塞，苦思苦想的种种状态时，有很多形容词，如“六情底滞，志往神留，兀若枯木，豁若涸流”、“理翳翳而愈伏，思轧轧其若抽”等等，当时，先生并未套用“灵感”二字，但我脑子却很快出现“灵感”的概念，觉得这就是对“灵感”有无的生动描写。先生在讲“思轧轧其若抽”时，作了一点文字的考证：轧字或作乙，《文选》五臣注本作“轧轧”，李善注本作“乙乙”，注曰：“乙音轧”（读如亚），乙字是象形字，形容鸭子撑长脖子抽气难以发出声音的样子，乙乙读如轧轧，难出之貌。我听了先生的解释，觉得很有趣，形容灵感不来，苦思苦想，文思难出的情景，倒也十分生动。后来，我也没有进一步作考证，就这样过去了，但每每说到陆机的“应感”说，就想起先生对“乙乙”的解释，使我留下鲜明深刻的印象。

六、《文选》与《文心雕龙》

叔雅先生开了一门课叫《文选学》，但讲的内容并不是对《文选》的综合研究，而是选讲了《文选》中的一些作品，其中除前面我谈到的陆机《文赋》之外，还有木玄虚的《海赋》、曹植的《洛神赋》、江淹的《恨赋》《别赋》等等，因时隔已久，又无笔记，所以先生讲的内容记不清了。只记得先生说过，《文选》这部书早在唐代已成为一部士人科举的必读书，所以杜甫诗中也有“熟精文选理”的句子，民间也还流行着“文选烂，秀才半”的口头禅，意思大概就是说，把《文选》读得烂熟，秀才就到手一半了。难怪唐代的李善注本就已流行一时，后来到开元年间又有五臣注本（五臣即吕延济、刘良、张铣、吕向、李周翰）。可见《文选》这部书的影响有多大。先生在讲《文选》时，经常提及刘勰的《文心雕龙》，他说这两部书是姊妹篇，读《文心雕龙》就必须读《文选》。叔雅先生的这些话，我可是听进去了，因为我当时正准备开“古代文论”课，《文心雕龙》是我研究的重点，我还给文学理论专业和文学史专业的同学，开过《文心雕龙》专题研究选修课。我按先生的要求买到《昭明文选》，果然，对我研究《文心雕龙》提供了很大的帮助。首先，昭明太子萧统署名的《文选序》，是我国齐梁时期产生的一篇十分重要的文学理论论文，由这篇论文可以看到刘勰在《文心雕龙》中的许多理论观点和《文选序》是一致的，可见《文心雕龙》的出现是时代的产物，是六朝文学理论的集大成。而刘勰也是昭明太子所器重和亲近的文人，他们的文学见解近似，这决不是偶然的。其次，《文选》中的文体分类和《文心雕龙》的文体分类也是大同小异。《文心雕龙》中涉及的文体名目大约有三十四类，而《文选》中则为三十八类，多数名称相同。《文心雕龙》分析问题时举例的作品，也多见于《文选》之中，所以叔雅先生主张把《文心雕龙》和《文选》作为姊妹篇来研究是很正确的。

七、先生说“校勘”

叔雅先生学贯中西，博通古今，而“校勘学”是他成果最多、成就最高的一门学问。关于校勘的著作，他先后出版了《淮南鸿烈集解》《庄子补正》《说苑斠补》等，他还有一项宏大的计划，拟完成一部《群书校补》，惜尚未有多少进展，先生就于 1958 年去世了。我虽未听过先生系统地讲校勘学，但他在讲其他课程以及和学生言谈中，多涉及校勘学有关的一些知识。校勘古籍，涉及文字、音韵、训诂多方面的学问。“一字之微，征及万卷”，这是先生常给学生讲的一句话，在校勘古书中，常常因为要考证一个字的正误，往往要查阅许多典籍资料，引经据典，以辨真伪，所谓“征及万卷”，就是要查证许多书籍，有许多证据，才能判断其正误。先生常说，读古书，做学问，有三大忌：一是望文生义，二是似是而非，三是凭空臆断。做校勘尤忌此三者。古代典籍在其转抄转刻过程中，常有错简、衍文、漏字、错字发生，校勘就是要把这些错漏校正。要纠正一个错字，或订正一段文字，都需要找到实证材料，望文生义或凭空臆断是绝对不行的。校勘有一条规矩，就是说：“孤证不能立论，两证方可立论，三证方能做结论。”我听了先生的这些教诲，觉得从事校勘工作，的确不那么容易，但这种精神，不但校勘学之必须，就是对读书做学问，也具有普遍的指导意义。后来，我读到已故云大教授张德光先生写的《庄子补正跋》，这是一篇写得非常好的跋文，文字典雅，论述精到，其中有一段文字说，先生常言：“前人校释是书，多凭空臆断，好逞新奇，或有所得，亦茫昧无据。今为补正，一字异同，必求确论。若无是训，则案而不断，弗敢妄生议论，惧杜撰臆说，贻误后学而灾梨枣也。”德光先生记的这段话，和我前面记的叔雅先生的言论，内容是一致的。可见这是叔雅师的一贯的治学精神，这种精神是永远值得我们学习的。

八、鼓励学生身边不离字典

我读大学四年级时，有一次到叔雅先生家请教学习方面的问题，闲谈中听先生讲到一件事，听说有一位叫徐国琼的同学，平时衣服口袋常装着一本《新华字典》，有的同学取笑他，说那是小学生用的字典，你带在身边干什么？言外之意就是说你是大学生了，还装一本小学生用的小字典，难道不觉得害羞吗？叔雅先生听到此事，他说："这个大学生才是一个真正想读书的好学生，像他这样的学生就不会把'荀子'读成"筍子"。原来这里还有另外一个小故事，先生在上课时，有一位同学把"荀子"读成"筍子"，"这样的错别字出在一位大学生之口，足以说明其读书的不认真。叔雅先生常说："读古书先要过文字关，千万不可主观猜测，似是而非。不懂的字一定要去查字典，或者请教老师，养成查字典的习惯，是读古书的入门功夫。"先生的这些教诲，我是听进去了，这也和我从事中国古代文论和美学的教学和研究有关。我给学生上课，虽然也很认真备课，尤其是对引古文，首先就要过文字关，不懂的字，遍查字典也要弄个明白才敢在课堂上讲。但是仍然也有过失误，有些字乍一看认为已经知道了，其实并没有弄懂，似是而非。经过细心查阅工具才弄明白。所以，我非常重视购置辞典一类工具书，诸如《辞源》《康熙字典》《说文解字》《联绵字典》等，都是我案头必备的书，甚至我读小学时的一本《王云五四角号码小词典》，已伴随我七八十年了，到如今还是我手边一本常用的小字典。也许有人会觉得好笑，但我倒是在实心实意地用这本小辞典，为什么呢？因为我老了，记忆力差，很多过去识得的字往往一时想不起来。再则因我对简化汉字和繁体字的转换比较生疏，而我写文言文、碑文之类文章多用繁体字，有些字常常想不起来，或简繁混用。而这本小辞典是繁体字，顺手查字，十分方便。我说这些似乎已离题了，但读书养成一种爱查字典的习惯，尽可能做到不放过一个自己不认识的生字，或是似曾相识而拿不准的字，即时查字典，尽量避免读错别字，这应该看作是一种读书应具有的基本功。

九、叔雅先生酷爱滇戏

叔雅先生业余时间的雅好，在来云南前我不了解，据说先生也爱看京戏，自从随西南联大来到云南之后，似乎滇戏成为他的主要爱好。这是由于他原来就爱看京戏，或者是来滇后生活环境的影响？我也没有想过。但先生在昆生活的岁月里，他和夫人经常到滇戏院和有滇戏名角清唱的茶馆去听滇戏的故事，我已早有所闻。再加上我年轻时代也酷爱滇戏，会操琴，也会唱些段子，所以对叔雅先生爱滇戏的雅好，也比较关注。

我早就听说先生和滇戏著名的老演员多有交往，譬如抗战期间在昆明滇戏舞台上就已走红的名角栗成之、张子谦、彭国珍、碧金玉，等等，先生和他们都很熟悉，也是他们的特殊戏迷。从先生《赠栗成之》《送彭郎》《寿张子谦老艺人》等诗中，就可以见其大概。据说，先生和夫人看戏，都是订好座位，包好人力车，而且每一场戏都只是看上半场，到下半场时，包好的人力车准时来接，同时，就是云大校长办公室的一位老工友准时来接场看戏，这位工友年纪较大，成了叔雅先生的好朋友，经常得好戏看。这已是解放初期的事了。有一次在课堂上，先生突然讲起滇戏来，他说："滇戏历史较早，但从它的形成来说，是从省外的戏剧传来演变而成的。"他最欣赏滇戏腔调中的丝弦腔，音调优美，抑扬高下，细如抽丝，联绵不绝。他说，这种腔调来源于秦腔。我对先生的说法非常感兴趣，当年轻时我在农村学唱滇戏并操琴，知道滇戏有"胡琴""襄阳""丝弦"三种基本唱腔，经先生提示，才知来源于秦腔；我操琴时，也特别喜爱"丝弦"。但这都是几十年前的事了，"文革"以后，我已不再操琴，正所谓"此调不弹久矣"，但听戏还是喜欢听的。

至于说到和先生交好的那些著名滇戏演员，他们的戏我多半都看过，如栗成之、碧金玉、万象贞，等等。记得我在北大学习的时候，叔雅先生到北京出席全国政协会，我专程到他的住所北京饭店去看望，正碰到滇戏著名演员彭国珍（记得其艺名叫状元红，可能记不确实）也在场，称先生为老师，十分亲切。又有一次，在先生家碰到著名京剧演员关肃霜，给先生送来一条活鲜鱼，也称先生为老师，也十分亲切。文艺界的名家和学术界的学者互相慕名，称学术前辈为师，这也是常有的事，也可让说是文坛雅事吧！

十、《淮南鸿烈集解》校点本跋

1998 年安徽大学出版社和云南大学出版社联合出版了我和殷光熹教授共同点校的《淮南鸿烈集解》，这是叔雅先生青年时代的成名作。我们在点校中，增补了叔雅先生于 1946 年又亲自批点校勘的二十多条文字，这部《集解》当可算是目前最完整的善本。著名学者李学勤教授在《为祖国学术界争光吐气》一文中，认为《刘文典全集》中“所收《淮南鸿烈集解》，系据作者手批本重校，胜过通行的标点本”。我在点校本末写了一篇跋，特收集在这里以饷读者。

先师叔雅先生尝谓余曰：古籍汗漫，流传千载，传抄之讹误，刊刻之错简者，时或有之。如不加以校勘考证，则句改难通，文义失真，以讹传讹，贻误后人，故校雠之学兴焉！然校雠之学，涉猎甚广，需博览古今，傍通经史，通晓音韵、文字、训诂、版本诸多学问。纠一字之差，正一句之误，往往穷年累月，呕心沥血，旁征博引，方得确证。亦有毕生求证，竟无所获而宁可存疑者，何耶？盖考证之术，无巧可取，尤忌望文生义，主观臆断。即有证也，亦不可凭孤证下结论，两证可以立议，三证方可定论。师训凿凿，记忆犹新，其治学谨严如此，诚乃学界之楷模也。余不敏，未敢专攻校勘之学，然从中悟得学问之道，亦受益匪浅。

《淮南鸿烈集解》乃叔雅先生青年时代之成名作，胡适先生虽倡导白话文，然为本书作序时，破例用文言文，亦可见其对叔雅先生校勘专著之器重。《集解》出版后，十年间三次印行，享誉学林。然叔雅先生并不以此为满足，对《淮南子》校勘继续不断，新成果相继问世，先后见于《三馀札记》《宣南杂志》等。一九四六年，又将《集解》朱笔点校一通，并眉批校勘文字二十余则。条目不多，然其学术价值，自不在文字之多寡也。叔雅先生治学严谨，向为学术界所称道，试观其补校条目之中，有补充旧校者，有出新校者，亦有自纠旧校之误者。如原校《淑贞训》中“逮至夏桀、殷纣，燔生人，辜谏者”云：

“文典谨按：‘罪’，古作，传写遂误为‘辜’耳。《御览》六百四十七引，‘辜’正作‘辠’。”

一九四六年之补校中，叔雅先生自我否定上述结论云：

“‘辜’字不误。《周礼·掌戮》可证。余据类书改之，实为大谬。《庄子·则阳》篇：‘至齐见辜人焉，推而强之，解朝服而幕之。’《周官·掌戮》‘杀王之亲者，辜之。’郑注：‘辜之言枯也，谓磔之。’《说林》篇：‘桀辜谏者，汤使人哭之。’是桀实磔辜谏者。《淮南》书中固屡言之也。余乃荒陋至此，真愧死矣。”

以上所论，虽仅一字校勘之误，而先生能自纠正之，不仅纠正之，且自责如是，不讳其短，坚持真理，诚乃大家风范，足为后学所师法。十年前，余有幸于云南大学图书馆得睹叔雅先生手批之《淮南鸿烈集解》善本，遂萌生编订《集解》增补本之念。后曾纳入云南省教委古籍整理规划，并与巴蜀书社商定出版意向性协议。后虽见中华书局点校本出版，余仍不辍整理、校点工作。拟参照中华书局点校本再点校一遍，并将叔雅先生最后校勘文字一并补入，当可成为《淮南鸿烈集解》之最全善本。因杂务干扰，工作时断时续。年初，应刘平章君之请，决定于年内完成此项工作，特邀殷光熹教授校点一遍，并董理全部资料作为附录。至此，叔雅先生之《淮南鸿烈集解》可称完璧传世也。多年夙愿，今日方了，乐何如之！谨陈原委，跋于卷末。

一九九六年岁次丙子之仲夏于云南大学

（原稿由刘平章先生提供）

忆刘文典先生谈骈文

群 庆

抗战结束后，西南联大迁回平、津，教授多随校北归。刘文典先生仍留昆明，在云南大学及师院任教。向闻先生于经史百家，无所不学，讲课庄谐并作，妙趣横生，心仪久之。有一天晚上，先生在昆明女中讲骈文，我有幸得以听讲。

先生分析，骈文在中国文学史上，是秦代以迄东汉的散文由雕饰工整而发展形成的一种文体。到了魏、晋、六朝，几乎一应公文书札，皆字字相骈，句句求俪，这是骈文的极盛时期。后来发展到唐、宋，竟成为有规则的“四六文”。先生指出，骈文以自然成对为上，并谓骈句含义不宜近似或雷同，近似雷同，即繁复堆砌。他列举刘知几的《史通》为例。他说，《史通》文约而事丰，骈俪而自然，是骈文的上乘。但同时他又指出，《史通》仍有“复词冗句”，如《史通》叙事篇中的“一言而巨细咸该，片语而洪纤靡漏”。他说，“一言”即“片语”，“巨细”即“洪纤”，“咸该”即“靡漏”，都属浮词，是《史通》语言之瑕。他又举出《弘明集》及《广弘明集》，可算是较好的骈文代表作；至于后来的“四六文”，竞雕刻之巧，烦芜堆砌，多浮滥之弊。

讲话仅一个多小时，先生旁征博引，发微阐幽，一似讲了一大部头专著，令人敬服之至。

近时晚报常刊载抗战期间在昆名教授的轶事，似未见有记述刘文典先生的文章。我因那次听讲印象极深，虽事隔近四十年，而先生讲课音容尚宛然在目，特作此短文，以为敬思。

（辑自 1985 年 6 月 17 日《春城晚报》）

听刘文典讲庄子

张一鸣

曾执教云南大学多年的先师刘文典、姜亮夫、方国瑜三位先生，是享誉全国的著名文史学专家。听刘先生讲庄子，听姜先生讲楚辞，听方先生讲滇史，不仅大长知识，大开眼界，而且从他们身上，还可以学到严谨的治学态度和深入踏实的学风。刘、姜两先生《全集》已经出版。方先生《文集》正在编纂中，估计明年可以问世，这是云南文化学术界的大事。现对刘先生作一些片断性回忆。

1946 年笔者考入云大文史系，当时中文与历史合系（1952 年院系调整时始分设），系主任初为徐嘉瑞先生，后为方国瑜先生，姜亮夫先生担任文法学院院长。笔者选修的课程中，就有一门是刘文典先生讲授的庄子。

先师讲课时，习惯于半躺在一张藤骑上，双脚搭在放置于面前的一张茶几上，茶几上放一小茶壶，口干时咂上几口。开讲时先背诵一段《庄子》原文，然后旁征博引，进行阐释。对历代注疏者，或补正，或纠谬，侃侃而谈，无需查阅工具资料书。因为他执教于西南联大时即讲授过庄子，对此书已达到滚瓜烂熟炉火纯青的地步。先师学识之渊博，记忆力之强，令人惊叹。有少数同学在听课时交头接耳小声说话，个别同学课未听完拔脚就走，先生不加制止；有些外系乃至外校学生慕名前来旁听，课椅坐满了，就在墙边地角和过道两旁站着听，先师也从不过问，体现了一种浓厚的学术自由风气。1947 年先师著作《庄子补正》一书由商务印书馆出版，陈寅恪教授写的序言中认为此书不但可以补前人注疏之缺失，还可以恢复《庄子》的本来面貌，评价甚高。

先生不大讲究衣着，上课时经常穿一件皱皱巴巴的长衫，有一种不修边幅的名士风度。他生活上有两大嗜好，一是爱抽云南产的烟（云土），二是爱食宣威火腿（云腿），故自号“二云居士”。

先师是近代著名国学大师章太炎的弟子，章先生和先师对近代我省历史文化名人、清代唯一的一位经济特科状元袁嘉谷先生极为崇敬。1948 年 1 月先师为袁先生《移山簃随笔》写的序言中，除盛赞“征君（按：即袁先生）之学，牢笼六艺，弹压百家，美矣，富矣”外，还讲到“吾师余杭章先生尝游昆明，介征君犹子百举修士相见礼，与征君谈宴累日，归谓弟子曰：‘袁君研精史学，吾不如也。’其推挹亦至矣！”并称此书“贯穿经史，融会群书，凡所考订，皆至精确。愈足见征君所学，汪汪如万顷之陂，其博大精深为不可及。先师之言，非溢誉也。”据查，章太炎来昆明是 1917 年 9 月，他以护法军政府秘书长身份，作为孙中山先生全权代表，前来劝说唐继尧接受军政府节制，发兵东下，与广东护法军会合。在昆期间，通过袁先生侄儿袁丕钧（字百举，亦章先生弟子）的介绍，与袁先生晤面交谈，从而发出了“吾不如也”的感叹。

（辑自 2000 年 7 月 14 日《春城晚报》）

听刘文典先生讲版本校勘学

郑 千

1948年上学期开学时，得知这学期的课程中，有刘文典教授的“版本校勘学”，同学们都喜出望外，这不仅因为版本校勘学是人文科学的基础必修课，更使大家高兴的是终于能亲聆刘文典先生的讲授了。

这个学期第一周的一个下午，同学们早早地来到教室等候，上课铃声刚一响过，刘先生就已出现在教室门口。同学们自动地一致起立向刘先生表示敬意，刘先生却似乎并不在意，径直走上讲台，在讲桌后面的椅子上坐下。刘先生身着长衫，清癯的面孔上架着一副近视眼镜，头发蓬乱。他从容地放下皮包，从皮包里取出一本讲义和一册线装书，再从衣袋里掏出香烟火柴，并点燃了一支香烟。

“知道什么是版本校勘吗?”刘先生说话声音很小，但能听得清楚。见没有同学回答，便接着说：“几句话也说不清楚，以后慢慢跟你们讲吧!”一口有浓重安徽腔的普通话。

“今天先跟你们讲讲怎样翻书。”开始我还怀疑“翻书”这两个字是不是听错了，后来的讲解证明他讲的确实是“翻书”。

“有些读书人，书读了不少却连翻书都不会，有的用指甲把书页掐起来，有的用手指舔着口水去沾，简直是对书籍的糟蹋，哪像个读书人的样子。要读书，首先要学会翻书。”说着他拿起那本线装书，书脊向下用手扶着直立在讲桌上，边讲边作示范。他先将直立的书从中间分开，如果要翻书的前几页，就将后半部分弯过来，用右手拇指按住书页的边沿，移动拇指让书页一页页地落下去，直到你要翻的页码。他要同学们跟着他做，反复强调“读书人就要像个读书人的样子”。这就是刘文典先生讲课的开场白。

原来以为版本校勘学是一门很深奥和枯燥的学问，经过刘文典教授深入浅出的讲解，很快就弄懂了什么是版本、什么是校勘，怎样识别版本的特征和差异，鉴别其真伪和优劣；怎样用不同的版本和有关资料相互核对，比勘其文字篇章的异同，以订正错误。刘先生的一些讲授，给人以深刻印象，事隔半个世纪，仍记忆犹新。刘先生讲到一本古籍中有一个字（可惜把具体书名和这个字忘记了）很难理解，几百年间很多学者引经据典作了各种解释，因意见不同而争论不休。后来一位校勘学家从多种版本中对比研究，发现这个字是在传抄中被人写错了的错字，这才平息了这场延续几百年的笔墨官司。通过这个例子，使同学们认识到版本校勘学的重要。

刘先生在讲课中不断强调读书一定要认真，反对“读书不求甚解”，提倡读书时要一个字一个字地认真琢磨。刘先生讲了一件事例，他说，人们都说香妃是香的，我说香妃是臭的。说香妃香的人是读书不认真。书上明明说香妃“有异香”，为什么不直说有香味，或者说有浓香、有清香而说有异香，就是说香妃身上有股特异的“香”味，人身上的味道只有夹汗最特异，实际上香妃身上的味道是夹汗臭。因为乾隆皇帝太喜欢香妃，连她身上的夹汗臭也认为是“异香”；或者乾隆本来就爱闻夹汗味，所以他认为是香的。这听起来像个笑话，却给人以启迪。

有一次刘先生突然停止了讲课，眼睛盯着台下，我回头看去，是两个同学在小声说话，竟连刘先生停止讲课注视着他们也未发现。刘先生生气地拎起皮包走出教室。一位同学气愤地喊道：“你两个……”，这两位同学见闯了祸，连忙追了出去，过了好几分钟，可能是向刘先生认了错，终于将他请回了教室。刘先生只平静地说了一句“不愿听我讲课的，可以出去”，便又接着讲课。

听了刘文典先生的课，学到一些版本校勘的知识，终身受用不浅，深感学点版本校勘学很有必要。

（辑自 2001 年 3 月 2 日《春城晚报》）

刘文典先生评诗追记

傅来苏

我选修刘文典先生的《杜诗》《温、李诗》，听讲时曾作了许多笔记；毕业后分配到北京潞河中学教书，先生的授课讲义及笔记曾随身携带，惜乎在五十年代中后期的运动中被抄没。虽对先生讲授中的某些精彩部分尚有记忆，但天长日久，“此情可待成追忆，只是当时已惘然”。前几年，一次偶然的机会，与老友谢某（已辞世）谈及文典先生论诗，他侃侃而谈听先生讲温李诗时的情况，与我听课笔记中的内容大同小异，惊喜之余，整理为文。

关于诗与“观世音菩萨”，这几乎是我们这群学子所津津乐道的妙论。观世者，观人观世界也；音者，韵律也；菩萨者，觉有情也。这一妙气横生的阐述，令人终生难忘。

在讲《温、李诗》时，先生说，读古人诗，要深切玩味，细细咀嚼，既当鉴赏其好处，也当认识其缺点，苦心思索，才能分别高下，对自己将有极大的收益。以温飞卿、李义山《牡丹诗》为例吧！温、李同是唐代大诗人，作的同是牡丹诗，若不细加研究，就难明其高下；但仅就牡丹诗说牡丹诗，不能以此而随意褒贬温、李诗之全部。

温飞卿牡丹诗：

轻阴隔翠帏，宿雨泣晴晖。醉后佳期在，歌余旧意非。蝶繁轻粉住，蜂重抱香归。莫惜熏炉夜，因风到舞衣。

李义山牡丹诗：

压径复缘沟，当窗又映楼。终销一国破，不啻万金求。鸾凤戏三岛，神仙居十洲。应怜萱草淡，却得号忘忧。

就两诗言，温诗较好。李诗的“压径缘沟”，一切花草都可以；“当窗映楼”，一切树木也可以。颔联言其贵，珠宝美玉，何尝不贵？颈联离题太远，虽可谓超脱，但终不切实。尾联以花比花，以草比草，表面好似切题，但把它拿去嵌在别的花上，还是可以的。统观全诗，如不先看诗题，就不知道他说的是什么花了。

温诗首联写杨花天气，时届暮春的自然景物。颔联以赏花人的内心去形容花，由心中的境界说起，是最高明的描写方法。颈联言蜂蝶而实重点突出的是花，所谓画鬼容易而画犬难也。尾联即“国色朝酣酒，天香夜染衣”之意。读之必知其咏牡丹也。

对李义山的《锦瑟》一诗，在给我们讲授时，一首诗竟讲了两节多课。

锦瑟

锦瑟无端五十弦，一弦一柱思华年。

庄生晓梦迷蝴蝶，望帝春心托杜鹃。

沧海月明珠有泪，蓝田日暖玉生烟。

此情可待成追忆，只是当时已惘然。

先师曰，义山此诗，至今千余年，而妄说讹解起于北宋。宋黄朝英《湘素杂记》云：义山《锦瑟》诗，山谷读了殊不解其意。后以问东坡。坡曰：此出《古今乐志》，锦瑟之为器也，其弦五十，其柱如之，其声也适怨清和，以中间四句配之，曲尽其美。北宋末，许彦周《诗话》云：适怨清和，一作感怨清和，令狐楚（义山之师）能弹此曲。南宋初计有功(敏夫)《唐诗纪事》始云：或云锦瑟，令狐楚之妾，实指锦瑟为人，非乐器也。南宋末又有谓锦瑟为令狐楚儿子之妾者。讲至此，文典先生说，此说甚非，义山不至于不顾师生、师兄弟之情谊，秽妄至此。

随之，先生又对一些诗家的看法提出质疑。

金元好问论诗绝句云：

望帝春心托杜鹃，佳人锦瑟怨华年。
诗家总爱西昆好，独恨无人作郑笺。

王渔洋仿遗山（元好问号）论诗绝句云：

獭祭曾惊博奥弹，一篇锦瑟解人难。
千秋毛郑功臣在，犹有弥天释道安。

谬说附会，至清季仍未得其确解，憾甚！之后，即说明锦瑟出处：《史记·封禅书》："太帝使素女鼓五十弦瑟，悲，帝禁不止，故破其瑟为二十一弦。"《汉书·郊祀志》："太帝使素女鼓五十弦琴瑟，帝禁不止，故破其瑟为二十五弦。于是赛南越祷祠太一后土始用乐舞盖台歌儿作二十五弦及空疾，琴瑟由此起。"按：义山系学杜者，自来多谓李为杜之继承人，凡是所作，喜用绮丽之词，虽于杜之伟大处未能摹仿，但琴瑟二字，疑系由杜诗而来。

最后，先生说，锦瑟诗之真意何在？从声调上看，在吟咏中即可体会出全诗系悲哀伤感之音。先韵是沉重的长叹，而非意切的号啕。声调是发抒感情的，自然由哀而发，非人为的规格所能强成。如第五句“海”字声音高扬，欲强为低音势不可能，平仄与调子全属两回事。再从字句上看，“无端”犹言没来由或无理由，有责怨之意，年华易逝，蹉跎半生。中间二联，以庄生梦蝶，杜鹃泣血，喻哀乐之难以判然划分。第五句“沧海”，以珠喻泪，使眼泪美化。六句蓝田美玉仍属过眼烟云。全诗重点在末二句，沉重慨叹人生为造化小儿所玩弄，悲欢离合，无法自主。义山此种思想感情，是因为他处在千余年前的封建时代，为历史条件所限制，我们是难以用今天的思想去衡量的。

（辑自《昆明民革》2002 年第 2 期）

同标共趋『进化与人生』①

——刘文典的科学造诣

李作新

刘文典先生潜心典籍勘正，著述丰盈，其权威旌誉已泛诸瀛洲。著名教育家、前北京大学校长胡适博士在其为先生的第一部力作《淮南鸿烈集解》所写序言中这样说："整理国故，约有三途：一曰索引式之整理，一曰总账式之整理式，一曰专史式之整理……叔雅治此书，最精严有法……苟有引及，皆为辑出，不以其为前人所已及而遗之。及其为《集解》，则凡其所自得有与前人合者，皆归功于前人；其有足为诸家佐证，或匡纠其过误者，则先举诸家而以己所得新佐证附焉。至其所自立说，则仅列其证据充足，无可复疑者。……叔雅于前人之说，乐为之助证，而不欲轻斥其失，多此类也。……叔雅此书，读者自能辨其用力之久而勤，与其方法之严而慎。又说"其功力之

① 作者系云南大学物理科学技术学院教授、核物理专家，曾两度受邀担任诺贝尔物理学奖提名人。

坚苦如此，宜其成就独多也”。足见先生奇才，更匹之以高尚道德情操，难能可贵。近一个世纪以来，先生的不朽论著铭冠宏域，独占鳌头。

其实，先生除了塑铸史文的坚深基石外，对自然科学也曾抱之以浓郁兴趣，平生主动学习自然科学，对自然科学的演绎、成就和发展都十分关注。他常常以自身的经历和体验去告诫后来的莘莘学子，必须学习自然科学，尤其是学好生物科学，这样才能建立正确的世界观和人生观。文典先生非常赞赏著名生物学、日人丘浅次郎（1868－1944）的实践论定，丘氏曾在自己的著作《进化与人生》中力倡奖励理科和“理科精神”，他希望国人力图奋发，促进及增强理科教育，并举例说明其为强国富民的根底：“银座（东京最热闹大街）的玩具店里，别的国造的玩具不很看得见，惟有德国造的摆设得非常多，这些玩具既精巧，又坚固，价格又便宜，汽机、发电机、电灯的雏型，摆满了一桌子的，只要十块钱就能买得来，比那价格又贵，又容易破的、内地制造的理科教育用品，真有云泥之别，这实在令人不胜慨叹，要不把理科的知识普及于一般工人，使他们不但能模仿外表，并且真能懂得内里的道理，到底造不出这样的东西来；……所谓‘理科的精神’，就是指那无论甚么事都从实物上自己去研究，如果有了疑点，无论如何都从实物上去求解释的精神。……并且就是在高等的专门教育里，要想把基础上的纯正科学省去，直接的教授应用，这就好像是把地基和第一层都省去，专要建筑第二层楼一般，是绝对做不到的。无论开设多少农业学校、森林学校、水产学校，看他的学科，总还是动物学、植物学居其主要的部分，此等基础的学科不发达，其应用的方面也万不会有十分发达的希望。……科学上的大发明，像那电气咧，X 光线咧，原来都是从不想应用的纯粹研究上来的，起初就以应用为目的的研究里，未曾有过这样大的发明。然而一旦有了大发明，不消说立刻就能应用到种种的方面上去，所以纯正科学的发达，就是应用科学发达的先驱，奖励纯正科学也就是奖励它的应用啊。德国人就明白这个道理，不分纯正应用，竭力谋理科的发达。”文典先生不仅支持了这一唯物辩证哲理，同时身体力行，与生物学家同标共趋，翻译了这部基础科学名作《进化与人生》，并于 1920 年正式出版。这比他的首部专著《淮南鸿烈集解》早产十多年。接着，他还连续翻译出版《生命之不可思议》（德国生物学家、哲学家海克尔原著，Ernst Heinrich Haeckel、1834－1919）、《进化论讲话》（日本生物学家丘浅次郎原著）、《近世思想中之科学精神》（英国著名近代生物学家赫胥黎原著，Huxley，1825—1895）等生物科学中的名著。

正是由于刘文典先生有着科学基础知识的匪浅功底，加之博雅的文学史学造诣，译笔生花，阐明东、西洋学人的极为精微的学理。难怪胡适先生读了他的译作后说：刘叔雅不译书是社会的一大损失。

避雷针的发明者，大哲学家、文学家、科学家、发明家富兰克林（Benjamin Franklin、1706－1790）曾在物理学中奠树了大气电科学的基石，他 79 岁时亦曾为自己写了传记。富氏青年时刻苦奋发，自强不息，其勇猛精进之气概，尤足为青年之典型。文典先生亦曾对他作了如下的评价：“为十八世纪第一伟人，于文学、科学、政治皆冠绝一世。”先生并为其传记翻译出版了青年时代的部分，以诲我青年学人。在译序中，先生写道：“倘兴高山仰止之思，群效法其为人，则中国无疆之休而不佞所馨香祷祝者也。”用心良苦，义远涵深。

（辑自 2002 年 5 月 25 日《云南大学报》第 703 期）

悔作《评刘文典〈庄子补正〉》记①

王叔岷

钱（穆）先生《（庄子）纂笺》，王（孝鱼）氏校补之《（庄子）集释》，皆颇采撷拙著《庄子校释》之说（王氏尚兼采拙著《郭象庄子注校记》之说）。唯《庄子校释》乃岷少年之作，用力虽勤，不过校释古书之初步尝试，始于一九四一年八月，完成于一九四四年八月。撰写之初，傅孟真师惠赐《四部丛刊》影印明世德堂本《南华真经》一部（因知岷稍解吟咏，同时惠岷《四部备要》、王士祯《古诗选》及姚鼐《今体诗钞》各一部）。一九四五年秋，孟真师于北平收藏最珍贵之影印日本高山寺旧钞卷子本《庄子》七卷（即庚桑、外物、寓言、让王、说剑、渔父、天下七卷，彼时历史语言研究所图书馆仅藏前四卷）。

① 题目系编者所拟。作者师从傅斯年、汤用彤等先生，1948 年随史语所迁台。著名历史语言学家、校雠名家，主攻先秦诸子、校雠学研究。

悉以赐岷，岷因有《校释》《补遗》之作。孟真师于百忙中曾两度语岷，愿为《庄子校释》作序，岷自度浅疏，不敢累前辈，一再拒谢，孟真师不以为忤。前辈爱护后进之殷切，诚令人感戴不已！岷不敢累孟真师为岷作序，岷一生亦不为人作序也。《校释》附录二，有《评刘文典〈庄子补正〉》一篇，乃岷少年气盛之作，措辞严厉，对前辈实不应如此！同治一书，各有长短，其资料之多寡，功力之深浅，论断之优劣，读者自能辨之，实不应作苛刻之批评。况往往明于人而暗于己邪！一九七二年，台湾台北市台联国风社翻印拙著《庄子校释》，岷在海外，如知此事，决将《评刘文典〈庄子补正〉》一篇剔除，至今犹感歉疚也！

（辑自王叔岷《庄子校诠》，台湾"中央研究院"历史语言研究所专刊之八十八，1994 年版）

刘文典先生与杜甫研究①

彭安湘

李杜文章百世师，
今朝来拜少陵祠。
松篁想象行吟处，
云物依稀系梦思。
濯锦江头春宛宛，
浣花溪畔日迟迟。
汉唐陵阙皆零落，
唯有茅斋似昔时。

这首七律是原云大中文系教授刘文典老先生于一九五五年去北京开全国政协会议，回昆路过成都游草堂时在名人录上的题诗，返回家里，他又用毛笔工整地写好后赠给他秋华夫人。一九八三年十月，云大举行六十年校庆，在中文系展览室里还专门展出了由刘先生亲笔书写的这首诗，广大师生交口称赞。诗中充

① 作者系云南大学中文系教师。

分地表达了作者对伟大诗人杜甫的崇敬和怀念。他认为李白、杜甫的诗歌是值得人们永远学习的，是百世学习的师表，今天特来到草堂拜见，在松树、树林中想象伟大诗人杜甫散步吟诗的地方。天上的行云、周围的景物把他带到梦一般的景致里，使他浮想联翩。锦江边是那样的美丽，春意盎然；浣花溪畔景色是那样的迷人，日光融融。显赫一时的汉朝、唐代的陵园、宫殿都已凋零荒芜，唯有这杜甫草堂还像从前一样。

只要到过成都草堂的人，都会有刘文典先生这样的感受。大家知道，自从唐肃宗上元元年（公元七六〇年）初伟大诗人杜甫到这儿苦心经营以来，至今已有一千二百多个春秋了，历史上不知经过多少风暴和变迁，历代王朝的陵园荒芜了，宫殿倒塌了，可是这由伟大诗人杜甫亲手建造的茅屋还依然屹立。特别是解放后，经过党和人民政府拨出巨款，一再修葺，并作为全国重点文物保护，草堂更发出了耀眼的光辉。尽管人们记不得杜甫的生地和死地，但总忘不了这成都草堂。凡是到成都去的人，总要设法到草堂去看一看、走一走，缅怀我们中国文学史上这位最伟大的诗人——杜甫。这“风含翠篠（竹）娟娟净，雨裛红蕖（荷）冉冉香”（《狂夫》）的茅屋，已成为中国文学史上的一块圣地，全国著名的名胜古迹。刘文典先生“拜少陵祠”后写下这首七律不是偶然的，我现将刘先生亲笔诗的照片寄给你们，以飨读者。

刘文典，字叔雅，原名文骢，安徽合肥人，清光绪十五年（1889 年）12 月生于一个资产阶级家庭。幼时，在教会学校读书。1906 年至 1908 年，在芜湖安徽公学读书。1909 年赴日求学，在东京高等学校读书。1912 年，他回到上海，在于右任主办的《民立日报》任翻译，发表了一些宣传革命的文章。1913 年，再次赴日，加入了中华革命党，并在孙中山先生处任秘书，往返于东京、上海等地，从事革命活动。1916 年，刘文典先生回国后，即立志从事学术和教育工作。经陈独秀介绍，到北京大学任教。1927 年至 1928 年，出任安徽大学校长。这时正是蒋介石背叛革命、第一次大革命遭到失败的时候，安徽大学发生了学生罢课事件。蒋介石到安庆召见了刘文典，责令他交出共产党员名单，要严办罢课学生。刘当面顶撞说："我只知道办学，不知道哪个是共产党?"蒋骂他："你当校长是干什么的?"刘回答："正如你带兵一样，你能知道你的部下都是些什么人吗?"蒋介石很生气，要枪毙他。最后还是由蔡元培等出面说情、斡旋。而蒋介石也明知刘不是共产党员，才把他放了出来。为此他的老师章太炎先生专门写了一副对联送给他。对联是这样写的："养生未羡嵇中散，疾恶真推祢正平。"其意是说，我养生服食之道不羡慕嵇康，憎恨坏人真正要推祢衡，祢衡痛骂曹操的故事，这是世人皆知的。对联中将蒋介石比喻为曹操，把刘文典先生比喻为祢衡，这是对刘文典先生的极高的评价。此后，刘不再当校长了，又回到北大任教。1929 年，由罗家伦介绍，到清华大学任教，并任国文系主任，同时在北大兼课。抗日战争爆发后，北平爱国学生掀起了如火如荼的抗日救亡运动，这大大激发了刘文典先生的爱国主义感情，他对日本帝国主义无比痛恨。他本来精通日语，但这时他绝口不讲日语，如有人称赞他日文好，他就很不高兴，以此表明他非常注重民族气节。后经朋友帮助，他辗转来到昆明，在西南联大任教。1943 年，当过半年左右时间的中学校长。不久，即到云大任教。抗战胜利后，西南联大解散，原北大、清华、南开迁回北方，刘文典先生仍留在云南大学任教。新中国成立后，胡适想把他弄到美国去，为他找好讲学的大学，并替他一家三口办好入境签证，买好飞机票。在这何去何从的关键时刻，刘文典断然拒绝了胡适的"好意"，他说："我是中国人，我为什么要离开我的祖国!"尽管当时他对中国共产党、对人民解放事业没有什么认识，但爱国主义感情，终于使他留在新生的祖国。

新中国成立后，刘文典先生的工作和生活起了根本变化。他觉悟逐渐提高，精神也一天比一天振奋。他先后讲授了《杜诗研究》《温李诗》《文选学》《文赋研究》等课程。刘先生学识渊博、治学严谨、教学认真。他通晓英文、德文、日文，而且对古籍校勘还有较深的建树。党和政府根据他的学识和贡献，被评为一级教授，选为第二届全国政协委员。他的著作有《淮南鸿烈集解》《庄子补正》《说苑斠补》《三馀札记》《群书校补》以及《王子安集校注》《杜甫年谱》等等。可惜《杜甫年谱》还未完成，他就于 1958 年病逝了，终年 69 岁。

我们现在看到的刘先生未完成的《杜甫年谱》遗稿，通篇用文言文写成，约有五万字，从杜甫出生写到他五十四岁。据云大中文系有关老师介绍，这系刘文典先生口授，由助手笔录，每写好一章后，再由刘先生审阅修改。中间由于刘先生教学任务及其他社会活动，时写时辍，前后经过了三个寒暑终未脱稿。这虽然是未完之稿，但是刘先生数年心血的结晶。刘先生在云大中文系教《杜诗》多年，他在教学之余，从事《杜甫年谱》研究，这是难能可贵的。本来，从事《杜甫年谱》研究的人很多，但他不满足。刘先生常说："做学问不要人云亦云，要能独立思考，应该有自己的见解。"我们现在看到的刘文典先生未完成的《杜甫年谱》就与众不同。为了引起学术界的注意，我现在把它开头部分摘抄于后：

"杜甫，字子美，本出京兆杜陵，自六世祖始毗徙居襄阳，遂为襄阳人。曾祖依艺终河南巩县令，遂世居巩县。十三世祖晋驸马都尉镇南大将军当阳成侯预；曾祖依艺，唐监察御史，终河南巩县令；祖审言，修文馆学士，尚书膳部员外郎，诗称唐初大家；审言从兄易简，登进士，累转中侍御史，咸亨中吏部员外郎（《唐书·本传》：审言从父家巩，易简仍居襄守祖墓），亦以文章蜚声当时。父闲，朝议大夫，兖州司马，终奉天令。母崔氏。

玄宗开元元年，癸丑，即先天二年，七月归政，十二月改元（公元七一三年）。公生。

正月以吏部尚书萧至忠为中书令。二月庚子夜开门然灯，又追作去年大酺，大合伎乐。上皇与上御门楼临观，或以夜继昼凡月余。左拾遗严挺之谏乃止。六月，丙辰，以兵部尚书郭元振同中书门下三品。太平公主依上皇之势，擅权用事，与上有隙，宰相七人，五出其门。文武之臣，大半附之，与窦怀贞、岑羲、萧至忠、崔湜及太子少保薛稷、雍州长史新兴王晋、左羽林大将军常元楷、知右羽林将军事李慈、左金吾将军李钦、中书舍人李猷、右散骑常侍贾膺福、鸿胪卿唐晙及僧慧范等谋废立，又与宫人元氏谋于赤箭粉中置毒进于上。秋，七月，魏知古告，公主欲以是月四日作乱，令元楷、慈以羽林兵突入武德殿，怀贞、至忠、羲等于南牙举兵应之。上乃与岐王范、薛王业、郭元振及龙武将军王毛仲、殿中少监姜皎、太仆少卿李令问、尚乘奉御王守一、内给事高力士、果毅李守德等定计诛之。甲子，上因王毛仲取闲厩马及兵三百余人，自武德殿入虔化门，召元楷、慈，先斩之，擒膺福、猷于内客省以出，执至忠、羲于朝堂，皆斩之；薛稷赐死于万年狱。乙丑，上皇诰："自今军国政刑，一皆取皇帝处分。"以高力士为右监门将军、知内侍省事。初太宗定制内侍省不置三品官，黄衣廪食，守门传命而已。上在藩邸，力士倾心奉之，及为太子，奏为内给事，至是以诛萧、岑功赏之。是后宦官稍增至三千余人，除三品将军者浸多，衣绯、紫至千余人，宦官之盛自此始。乙亥，以左丞张说为中书令。九月己卯，宴王公百寮于承天门，令左右于楼下撒金钱，许中书门下五品以上官及诸司三品以上官争拾之，仍赐物有差。十月幸新丰，讲武于骊山下。姚元之拜兵部尚书同中书门下三品。十二月改元，姚元之避开元尊号，复名崇。孟浩然廿三岁，李白、王维十四岁。

开元二年，甲寅（公元七一四年），公二岁。

正月置左右教坊以教俗乐，又选乐工数百人自教法曲于梨园，谓之皇帝梨园子弟。七月作兴庆宫。十月吐蕃复寇渭源，薛讷与战于武街，大破之。

吐蕃遣其大臣宗俄因子至洮水请和，用敌国礼，上不许，自是连岁犯边。

开元三年，乙卯（公元七一五年），公三岁。

……”

刘文典先生的《杜甫年谱》就是这样一年一年地写下去，一直写到杜甫五十四岁在云安夔州这段时间的生活和诗文。“大历二年，丁未（公元七六七年），公年五十五岁”仅只开了个头，刘先生就因病逝世了，这是非常痛心和遗憾的。如刘先生能写完，我们就能窥其全貌，作个全面的研究。但就现在《年谱》所记叙的五十四年，这中间发生了什么大事，杜甫写了些什么诗文以及他的生活，都作了较详细的记载，旁征博引，自成体系。从上面的引文中我们就可以看出，刘文典先生把伟大诗人杜甫的出生年代推迟了一年。一般认为杜甫出生于公元七一二年（即开元元年壬子），卒于公元七七〇年（即大历五年，庚戌），这是确定无疑的。郭老的《李白杜甫年表》是这样，四川省文史研究馆集体编写的《杜甫年谱》还是这样。冯至、刘开杨、萧涤非等老先生所写的有关杜甫的专著也认为杜甫生于公元七一二年，卒于公元七七〇年，那么刘文典先生为什么又要把杜甫的出生年代推迟一年呢？一个人出生年代只能有一个，不可能有两个，这大概是推算的方法不同吧！根据刘先生的遗稿，我们发现：刘先生的《年谱》与其他几个《年谱》是不完全相同的。四川省文史馆编写的《杜甫年谱》认为杜甫出生于公元七一二年，即睿宗先天元年，壬子，八月才改元先天。郭老认为杜甫生于玄宗先天元年（即公元七一二年）。八月睿宗禅位于太子李隆基，是为玄宗，改元。而刘文典先生则认为是先天二年十二月才改为开元年号的。杜甫生于开元元年，这是没有争议的，大家都同意；杜甫出生的日期是正月初一，大家也没有异议。就是这改元的时间不同，所以出生年代也就不同。一说出生先天元年，一说出生先天二年。这样刘文典先生的《年谱》就将伟大诗人杜甫的出生整整推迟了一年，即公元七一三年，癸丑，而不是壬子。这大概就是推算的方法不同而造成的吧！

我们从刘先生的遗稿中还发现有这样一段记载：

“天宝十载，辛卯（公元七五一年），公元三十九岁。

……

公在长安，进《三大礼赋》及《雕赋》，玄宗奇之，命待制集贤院。献赋事史集皆以为十三载，蔡谱曰九载，均误。《唐会要》卷十三《亲飨庙》：‘十载正月九日至十日。’甲子与《旧唐书·玄宗纪》正合。十三载未尝郊祀。进《三大礼赋》表云：‘臣生长陛下之俗行四十载。’进《雕赋》表云：‘臣幸赖先臣绪蒙，自七岁所缀诗笔，向四十载矣。’公是年三十九岁，怀才抱器，屡遭挫败，故投匦献赋，以冀‘致君尧舜上，再使风俗淳。’故知献两赋均在是岁。……”

如果将这一段文字和郭老的《李白杜甫年表》以及四川省文史馆的《杜甫年谱》比较，我们就发现，各自都有细微的差别。郭老和四川文史馆都认为进《雕赋》是天宝九年（即公元七五〇年），杜甫三十九岁时的事，献《三大礼赋》是天宝十年（即公元七五一年），杜甫四十岁时的事。而刘文典先生则认为进《三大礼赋》及《雕赋》都是发生在天宝十载（公元七五一年），即杜甫三十九岁时的事。他从《唐会要》卷十三中发现，史集记载是在天宝十三载或九载都是错误的，其甲子不合。《唐会要》卷十三的记载，其甲子与《旧唐书·玄宗纪》是相吻合的。进《雕赋》都说是杜甫三十九岁写的，这没有疑问。其表云：“自七岁所缀诗笔，向四十岁矣。”这说明还不到四十岁。所不同的，一个认为是“天宝九载，庚寅”，一个则认为是“天宝十载，辛卯”，同是三十九岁，但时间差一年，这就证明在推算上必有一对一错。

刘文典先生已去世多年，他不可能来回答这个问题。但他的《杜甫年谱》遗稿，是积数年教学心血的结晶，最近有幸读到原稿，我们发现其中这个问题，故特提出来。这倒不是想做翻案文章，事实上，也没有那个必要。《杜甫年谱》很多，基本已成定论。这儿，主要是想通过这篇短文来介绍刘先生多年研究杜甫的成就，它能不能自成一说，有待专家、学者们的指正。

（本文根据油印稿整理）

刘文典诗存笺注跋

张文勋

国学大师刘叔雅先生，以校勘考据之学，知名海内外，然先生之诗学与诗作，则鲜为人知，究其原因，不外有二：一则因先生诗学多见于课堂讲授，无出版专著流传；二则因先生之诗作为数不多，且多在诗友之间传抄，极少于报刊发表，故失传者亦复不少。如今仅据其门弟子亲聆先生课堂讲授之记忆及先生友人文章信札中之零星记载，亦可得窥先生诗学之大概。其诗作今能辑存者仅二十余首，然俱为精品佳作，读之令人心灵摇荡，感佩不已。先生作诗必反复推敲，精益求精，此岂非少而精之谓欤？先生于诗，上自诗骚，下迄近代，俱了然于心，而对杜少陵、李义山、温飞卿之诗，则情有独钟，研究尤深，推崇备至，独标胜解。作为先生之受业弟子，得面聆先生讲授“杜诗研究”“温李诗研究”等课程。云南大学校长李广田曾为先生设立杜甫研究室，并配备助手，编写《杜甫年谱》，已写成大部分书稿，惜因历次政治运动而中辍，后此部分年谱稿亦不知下落，仅存《杜甫年谱·序》一文。由此序文中，亦可知先生对杜诗之钟爱与解悟之精深。序中有云："杜工以沉博绝丽之才，生风尘澒洞之际，早岁文章，既惊海内；暮年诗赋，遂动江关。论其风骨，实陵轹乎两京；研其神思，奕渊源于八代。洵屈、宋之遗音，风、骚之嗣响；扬子云所谓诗人之赋丽以则者也。"论杜诗之艺术则云："至若双声叠韵，属对精工，侔色揣称，铸辞英伟。宫徵靡曼，骋八音协畅之奇；云锦缤纷，极五色相宣之妙。是犹词人之余事，壮夫所不为，非公绝诣也。"虽云论杜诗，实亦先生之诗学见解也。言"风尘"，言"风骨"，言"八音协畅"、"五色相宣"，俱系作诗之要素，先生于诗道有其独到之解悟，是以论杜诗亦能切中肯綮。一日，先生与诸生论诗，先生问："何谓诗?"诸生一时不能对答。先生笑曰："诗者，观世音菩萨也。"诸生茫然，困惑不解。先生曰："观世者，观世，观物也，阅世深方可为诗，若杜甫者是也。音者，音乐之美也，平平仄仄，调声协律者是也，有音韵之美方能言诗。菩萨者，觉有情之谓也，无特殊之觉悟不能为诗，无情感不能为诗。三者缺一不可。"先生之譬喻，妙趣横生，寓意深刻，诸生恍然大悟。此中真谛，非知诗而又能诗者所不能道也。严沧浪论诗常以佛家之妙悟作比喻，先生论诗，独有慧解，诚所谓妙悟天开者也。有此等妙悟，故先生论温、李诗，亦多创见，既阐其伤时感事之情，又明其婉转含蓄之妙，对音韵之美，则尤能探幽发微，深揭其奥。先生常以四声之变，辨识所表达之情，或舒缓，或低沉，或凄厉，或高昂，四声之变化，配以双声叠韵之美，故读诗者可由声调之不同，感知其思想感情之变化。先生在课堂讲授格律诗，常以吟唱开始，先从音调感受作品之感情色彩，然后再分析作品之内容。如温飞卿《织锦词》以"叮咚细漏浸琼瑟，影转高梧月初出"开篇，先生吟唱之余，对诗中之双声叠韵及以入声字押韵所构成之音乐美，赞不绝口。先生又常以毛泽东词"往事越千年，魏武挥鞭，东临碣石有遗篇。萧瑟秋风今又是，换了人间"为例，认为是对曹操诗之推陈出新，具有音韵之美，吟唱再三，甚为赞赏。先生论诗如此，则其诗亦可知也。或伤时感事，或怀古鉴今，或师友酬唱，或触景生情，其情真，其意切，其文辞雅丽，意境深远，格律严谨，音韵和谐，用典入化而了无痕迹。夫以先生阅世深，实践广，游扶桑，赴国难，流离失所，生活艰辛，而爱国之心常在，气节之志恒存，观其“胡骑满城”“风尘澒洞”之作，“故国飘零事已非，江山萧瑟意多违”、“兰成久抱离群恨，独立苍茫看落晖”之篇，及其《过奈良吊晁衡》《谒工部草堂》众作，俱深沉抑郁，婉转屈伸，情感跌宕起伏，音韵顿挫铿锵，此等诗作，非老斫轮手则不能为也。先生之诗，如沧海遗珠，独放异彩，付梓之前，谨撰短文，以申先师风雅之大略，并聊表后学仰止之寸忱。受业张文勋谨跋。

（稿件由刘平章先生提供）

后记

章玉政

转瞬间，我与刘文典先生结缘已逾十载矣。从那年在北大南门风入松书店的初次相遇，到此间有关刘文典的又一本书即将出炉，逝者如斯，感慨系之。

这十余年中，镇日忙碌，为稻粱谋，难避琐碎，不胜其烦，然则每当夜阑人静、明月盈窗之际，蜷身书斋，与先生做伴，间有所获，往往又能生出许多不可名状的快意。此书便是这种闲余间隙自娱自乐的衍生品。

最初的编纂动议来自刘文典之子刘平章先生。与平章先生相识多年，我一直深为其孝心孝行所感动，正因如此，遂决意董理所藏资料，亲力梳检，遂有此编。

于我而言，研究、挖掘、发现刘文典，是一种缘分，更是一种责任。因而，着手任何有关刘文典先生的著述，均不敢贸然敷衍。譬如本书，框架几经变更，文稿数度增删，所选文章皆尽力遵循三个原则：一是亲历亲闻，作者多是与刘文典先生有过直接交往，或是亲历相关历史事件、场景的人；二是去伪存真，对于刘文典怒斥蒋介石、刘文典笑骂沈从文、刘文典批评鲁迅等传闻，以一手资料澄清各种传闻，还原历史真相；三是浅白易读，不掉书袋，不打文人腔，以故事动人，让国学大师低下身姿，走近芸芸大众。

即便如此，仍有不少文章无法割舍。因而，与本系列的其他两本相比，此本略厚些许，只为想给读者保留一些平常不易见到的史料。这对于如今已成显学的刘文典研究，或许不无裨益吧！

当然，对于编选过程中的不够精当，甚或粗陋谬误之处，我应担负全部责任。部分文章或有细节错漏、相互牴牾之处，但凡不涉重要史实，均一依原貌，相信读者自能明辨。有些文字源自民国报刊，漶漫不清，遂以“□□”代替。另外，根据出版社的建议，对部分作者身份进行了考证与标注。

最后，想对一些朋友略表谢意：

多年好友、合肥工业大学出版社资深编辑疏利民先生一直默默支持我从事刘文典研究，没有他及他所在出版社的鼎力支持与积极推动，这个系列丛书恐怕至今还只是个设想。著名设计师陈耀先生帮助设计了本书封面，清雅大方，颇合我心。尤为感动的是，著名作家、安徽省新闻出版广电局新闻报刊处处长李秀英女士，本着扶植青年学人之心，在关键时刻伸出援助之手，让此书得以顺利出版，在此深表感谢。

本书在编撰过程中，陈累、李雪莲、张扬、陈怡含、刘静贤、丁文婷、汪文霞、吴媛媛、吴雅娟、陆文静、黄振君、宋露璐等年轻大学生帮助打印了部分文稿。周凌云女史帮助校阅了全部书稿。在此一并致谢！

需要说明的是，此书也是本人主持承担的安徽省哲学社会科学规划项目“另一种抗战：新发现刘文典史料研究”（立项号：AHSKY2015D128）

的“衍生产品”之一。学术乃天下之公器。资料搜寻虽经百般辛苦，但不敢居为奇货，公之于众，以飨同道。

好了，要收笔了。可我知道，我与刘文典先生下一个十年的缘分，又将开始了！

2016 年 8 月 6 日夜写于淝上躬耕斋，2017 年 11 月 19 日改定

图书在版编目(CIP)数据

印象刘文典/章玉政主编．—合肥：合肥工业大学出版社，2017.3
ISBN 978-7-5650-3287-5

Ⅰ.①印… Ⅱ.①章… Ⅲ.①刘文典(1889—1958)—生平事迹
Ⅳ.①K825.4

中国版本图书馆CIP数据核字(2017)第226091号

印象刘文典

章玉政 主编 责任编辑 疏利民

出 版	合肥工业大学出版社	版 次	2017年3月第1版
地 址	合肥市屯溪路193号	印 次	2017年11月第1次印刷
邮 编	230009	开 本	710毫米×1010毫米 1/16
电 话	总 编 室：0551-62903038	印 张	17.75
	市场营销部：0551-62903198	字 数	217千字
网 址	www.hfutpress.com.cn	印 刷	合肥现代印务有限公司
E-mail	hfutpress@163.com	发 行	全国新华书店

ISBN 978-7-5650-3287-5 定价：36.00元